\알려줘/
광주
위인!

**알려 줘
광주 위인!**

1판 1쇄 발행 2017년 12월 5일 | **1판 4쇄 발행** 2023년 9월 5일

글 이정주 이정은 | **그림** 김도연 이해정
펴낸이 권준구 | **펴낸곳** (주)지학사
본부장 황홍규 | **편집장** 김지영 | **편집** 박보영 이지연 | **디자인** 이혜리
마케팅 송성만 손정빈 윤술옥 박주현 | **제작** 김현정 이진형 강석준 오지형
등록 2010년 1월 29일(제313-2010-24호) | **주소** 서울시 마포구 신촌로6길 5
전화 02.330.5263 | **팩스** 02.3141.4488 | **이메일** arbolbooks@jihak.co.kr
ISBN 979-11-6204-012-6 74990
ISBN 979-11-6204-005-8 74990(세트)
잘못된 책은 구입하신 곳에서 바꿔 드립니다.

 제조국 대한민국 **사용연령** 8세 이상
KC마크는 이 제품이 공통안전기준에 적합하였음을 의미합니다.

 아르볼은 '나무'를 뜻하는 스페인어. 어린이들의 마음에
담긴 씨앗을 알찬 열매로 맺게 하는 나무가 되겠습니다.
홈페이지 www.jihak.co.kr/arb/book | **포스트** post.naver.com/arbolbooks

7 우리 고장 위인 찾기

알려 줘 광주 위인!

글 이정주 이정은 | 그림 김도연 이해정

 **펴냄 글**

사회 공부의 첫걸음은
《우리 고장 위인 찾기》와 함께

이제 막 3학년이 된 아이들에게 '사회'란 매우 낯설고 어려운 개념일 거예요. 처음 만나는 사회, 쉽고 재미있게 배울 수 있는 방법이 없을까요?

《우리 고장 위인 찾기》 시리즈는 초등학교 사회 교과서의 첫 내용인 '우리 고장'을 통해 사회의 개념과 의미를 깨닫도록 만들었습니다. 고장의 위인과 함께 옛이야기, 문화유산, 지역 정보를 풍부하게 담았지요. 이 책과 함께라면 우리 고장을 더 잘 이해하고 사랑하게 되는 것은 물론, 역사와 지리에 관한 지식까지 쌓을 수 있을 거예요. 초등학교 사회, 《우리 고장 위인 찾기》로 시작해 보세요.

학교 공부에 활용하는 《우리 고장 위인 찾기》

● **학교 숙제와 조사에 활용해요.**

우리 고장 위인과 옛이야기를 찾아야 한다고요?
《우리 고장 위인 찾기》가 있다면 걱정 없어요.
알짜만 쏙쏙 뽑아낸 위인 정보는 물론 재미있는 이야기가 실려 있어요.

● **생생한 역사 체험 학습을 떠나요.**

우리 고장에 남겨진 위인의 발자취는 체험 학습의 훌륭한 길잡이가 될 거예요.
위인과 관련된 유적지부터 고장의 명소와 축제까지 다양하게 소개합니다.

  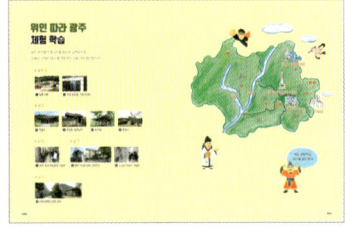

차례

광주 소개 | 광주는 어떤 곳일까? · 8

01 올곧은 마음을 가진 전라도의 대표 선비
기대승 | 10

02 많은 일본군을 물리치고도 죄인이 된 의병장
김덕령 | 18

03 노비 신분을 극복한 조선의 용맹한 장군
정충신 | 28

04 함께 활약한 아버지와 아들 의병장
양진여와 양상기 | 36

05 전라도 의병을 이끈 용맹한 의병장
김태원 | 44

06  하늘, 땅, 사람을 사랑한 한국화가
허백련 | 52

07  독립과 민족의 미래를 위해 앞장선 사람들
김필례 가문 | 64

08  백성의 마음을 어루만져 준 소리꾼
임방울 | 72

09  광주 학생 항일 운동의 시작이 된 고등학생
박준채 | 80

10  5·18 민주화 운동 피해자들을 돌본 광주의 어머니
조아라 | 88

위인 따라 광주 체험 학습 · 100
더 알아보는 위인 | 우리도 광주 위인이야! · 102
광주 위인 찾기 · 104

 광주 소개

광주는 어떤 곳일까?

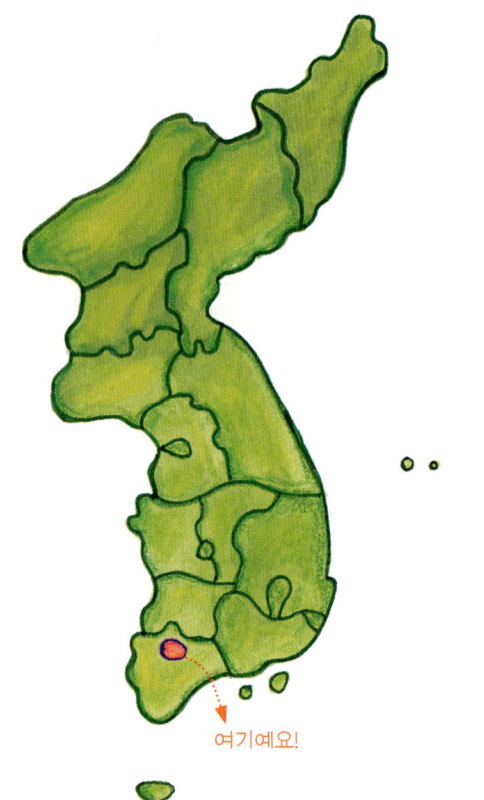
여기예요!

광주의 역사

고려 시대(940년)에 처음 광주라는 이름으로 불리었어요. 광주면, 광주읍, 광주부, 광주시를 거쳐 1986년 직할시로 등급이 올라갔고, 1995년 지금의 광주광역시가 되었어요. 광주 사람들은 나라에 어려운 일이 생길 때마다 위기를 극복하고자 적극적으로 나섰어요. 광주 학생 항일 운동과 5·18 민주화 운동 같은 중요한 사건이 일어난 곳이기도 하지요. 현재 우리나라 전체 6위, 호남★ 지역에서는 가장 큰 도시예요.

★ **호남** 광주를 포함한 전라남도, 전라북도를 합쳐서 부르는 말

광주의 자연

날씨는 따뜻하고 비가 많이 오는 편이에요. 동쪽에는 산이 많고, 서쪽에는 평야가 펼쳐져 있어요. 대표적인 산으로는 무등산이 있어요. 정상 가까이는 경치가 뛰어나고, 시원한 계곡물에 숲이 울창해서 많은 관광객이 찾아요. 차나무 새싹으로 만든 작설차와 맛 좋은 무등산 수박으로도 유명하지요. 무등산에서 시작하는 광주천은 시내를 지나 영산강과 만난답니다. 주변으로 산책로와 자전거 길이 있어 나들이하기 좋아요.

광주의 문화유산

광주를 다른 말로 '예향'이라 불렀어요. 예향은 예술을 사랑하는 사람이 많고, 예술가가 많이 난 곳을 말해요. 예술의 도시답게 광주에서는 다양한 축제가 열려요. 광주 비엔날레, 광주 김치 축제, 임방울 국악제, 고싸움 놀이 축제 등이 있지요. 조선 시대 선비 문화를 엿볼 수 있는 월봉 서원과 무등산 기슭에 위치한 절 증심사는 광주를 대표하는 문화재예요. 또한 광주 학생 항일 운동, 5·18 민주화 운동과 관련된 시설 및 문화재도 곳곳에 남아 있어요.

광·주·위·인 | 01

올곧은 마음을 가진 전라도의 대표 선비

기대승
조선 | 1527 ~ 1572 | 학자

내 이름은 기대승이야.
오늘도 온종일 책을 읽고, 성리학에 대해
고민했지. 성리학은 유학의 한 종류야.
인제 퇴계 이황 선생님께 편지를 쓸 거란다.
할 얘기가 아주 많아. 선생님과 나는
아주 긴 토론을 하고 있거든!

인물 소개

기대승은 성리학을 통해 우리가 살아가는 세상과 우주 그리고 사람들의 마음에 대해 연구했어요. 어렸을 적부터 총명했던 기대승은 열심히 학문을 갈고닦았어요. 1558년 과거에 합격해 벼슬을 얻었어요. 당시 조선의 유명한 학자였던 퇴계 이황과 8년 동안 편지로 성리학에 대해 나눈 토론이 유명해요.

기대승의 이모저모

생년월일 1527년에 태어났어요.

시대 조선

특기 토론하기

태어난 곳 광주에서 태어났어요.

취미 이황에게 편지 보내기

직업 학자

 우리가 알아야 할 **기대승** 이야기

8년 동안 계속된 편지의 비밀을 찾아서

 **어린이 역사 기자** 안녕하세요, 기대승 선생님! 저는 어린이 역사 기자예요. 대학자이신 퇴계 이황 선생님과 주고받은 편지에 대해 여쭤보려고 찾아왔어요.

무려 8년 동안 한 해도 거르지 않고 편지를 교환하셨는데요. 두 분이 매우 친한 사이인가 봐요?

 **기대승** 퇴계 선생님은 제가 아주 존경하는 학자이십니다. 조선의 성리학을 대표하는 분이시죠.

저는 퇴계 선생님과 함께 성리학을 연구하는 동료이자, 우정을 나누는 친구이기도 합니다. 물론 이 말에 불만을 가지는 분들이 많을 겁니다. 제가 나이도 훨씬 어리고, 과거 시험에 급제한 지도 얼마 되지 않았으니까요. 그러나 퇴계 선생님께서는 늘 저를 동료 학자이자 친구로 대해 주신답니다.

어린이 역사 기자 그럼 누가 먼저 편지를 보내기 시작하셨나요? 편지엔 어떤 내용을 쓰세요?

기대승 퇴계 선생님께서 먼저 편지를 보내셨죠. 아직도 그날이 생생히 떠오르는군요. 대학자이신 선생님께 편지를 받다니, 가슴이 쿵쾅거렸죠.

언젠가 한양(지금의 서울)에 갔을 적에 퇴계 선생님과 성리학에 대해 토론을 한 적이 있습니다. 그 후 선생님께서 제게 편지를 보내셨고, 우리는 함께 다양한 의견을 나누기 시작했어요. 서로 생각이 다른 부분이 있었거든요. 물론 그때는 편지가 8년 동안이나 이어질지는 몰랐지요. 퇴계 선생님과 저는 성리학에 대한 질문들을 끊임없이 떠올린답니다. 서로 그 점이 아주 닮았어요.

어린이 역사 기자 퇴계 선생님의 의견이 잘못됐다고 지적한 적도 있다면서요? 아무리 편지라도 쉽지 않았을 텐데요. 퇴계 선생님이 나이도 스물여섯 살이나 많고, 또 조선에서 제일가는 학자시잖아요. 저라면 떨려서 못 했을 것 같아요.

기대승 학문을 배우고, 탐구하는 사람은 그런 생각을 하면 안

된다고 생각해요. 자신의 의견을 당당히 밝힐 줄 알아야 하죠. 설사 틀리더라도, 자신의 의견을 고치고 발전시켜 나갈 수 있으니까요.

반대로 나이가 어리거나, 공부를 시작한 지 얼마 안 됐다고 해서 그 사람의 의견을 무시하면 안 되죠. 나와 다른 생각을 가지고 있더라도 오히려 귀를 기울이고, 함께 이야기를 나누며 따져 보는 거죠. 저와 퇴계 선생님처럼 말이에요.

저는 어린이 기자님께도 배울 점이 있다면 언제든 귀와 마음을 열 준비가 되어 있답니다, 허허.

어린이 역사 기자 그럼 저한테도 편지 보내 주실 건가요?

기대승 허허, 물론이죠! 저 멀리 경상도 안동에 계신 퇴계 선생님께도 보냈는걸요. 편지를 쓰면 꼬박 한 달이 걸려야 도착해요. 하지만 전 늘 즐거웠어요. 성리학에 대해 자유롭게 토론할 수 있으니까요. 말다툼이라고 생각한다면 아주 큰 오해예요. 어린이 기자님도 자유롭게 의견을 말하고, 다른 사람의 의견도 받아들이는 토론의 기쁨을 알게 되길 빌어요. 친구나 가족들과 쉬운 토론부터 천천히 시작해 보세요.

어린이 역사 기자 네! 잘 알겠습니다. 자, 그럼 여기까지 기대승 선생님과의 인터뷰였습니다.

《양선생서》
기대승과 이황의 논쟁을 모은 책

기대승의 업적 이야기

기대승은 뭘 했을까?

올곧은 길을 가는 학자

기대승은 서른두 살 때, 당시 조선 최고의 성리학자였던 퇴계 이황의 제자가 되었어요. 그리고 이황과 많은 토론을 벌였지요. 기대승은 '경연'에 참여해 임금에게 학문을 가르치기도 했어요. 경연은 임금이 학문을 배우는 일종의 수업이에요.

한편 기대승은 바르고 당당한 태도와 욕심을 내지 않는 성품을 가진 선비로도 유명했어요. 다른 의견을 가진 성리학자들에게도 자신의 의견을 당당하게 얘기했어요. 필요하다면 임금에게도 망설임 없이 조언했다고 해요.

'월봉 서원'은 뒷장에서 다시 소개해 줄게.

광곡 마을과 기대승

광주 광산동에 있는 '광곡 마을'에는 기대승의 후손들이 모여 살고 있어요. 그래서 마을 주민 대부분은 기씨 성을 가지고 있답니다. 광곡 마을은 '너브실 마을'이라고도 불려요. 광곡은 '넓은 골짜기'란 뜻인데 이를 순우리말로 '너브실'이라고 하거든요. 마을 앞에 드넓은 나주평야가 펼쳐져 있기 때문이에요. 너브실 마을에는 기대승을 기리는 아름다운 '월봉 서원'이 자리 잡고 있어요.

15

기대승과 함께 보기

기대승과 이황

영남
경상남도/경상북도/
부산/대구/울산

호남
전라남도/전라북도/광주

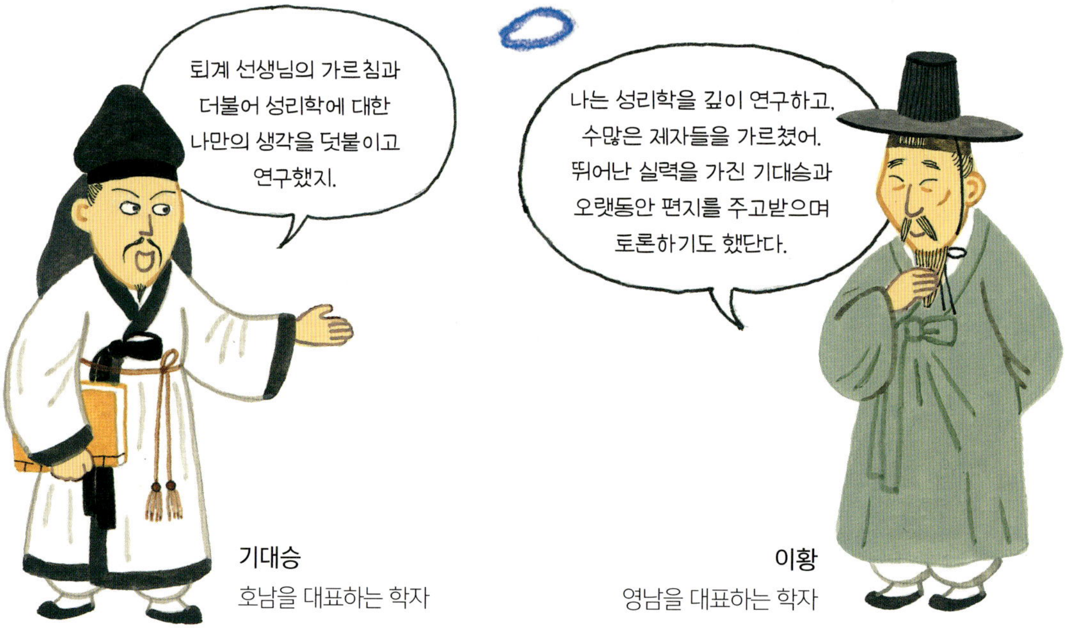

퇴계 선생님의 가르침과 더불어 성리학에 대한 나만의 생각을 덧붙이고 연구했지.

나는 성리학을 깊이 연구하고, 수많은 제자들을 가르쳤어. 뛰어난 실력을 가진 기대승과 오랫동안 편지를 주고받으며 토론하기도 했단다.

기대승
호남을 대표하는 학자

이황
영남을 대표하는 학자

역사 **체험 학습**

기대승의 발자취

월봉 서원

📍 광주광역시 광산구 광산동

기대승을 추모하기 위해 만든 서원이에요. 기대승과 조선의 학자인 박상, 박순, 김장생, 김집 등의 위패*를 함께 모시고 있답니다.

월봉 서원의 강당인 '빙월당'이 유명해요. 정조는 기대승의 높은 학문과 올곧은 마음을 기려 강당에 '빙월당'이란 이름을 붙여 주었어요. 빙월(氷 얼음 빙 月 달 월)은 얼음과 눈에 비친 달처럼 맑은 마음을 뜻해요. 월봉 서원 뒤에 있는 백우산에는 기대승의 묘가 자리 잡고 있어요.

★ **위패** 죽은 사람의 이름을 적어 모시는 나무패

광주 환벽당 일원

📍 광주광역시 북구 충효동   ◆ 명승 제107호

조선 시대 나주 목사를 지낸 김윤제가 지은 정자예요. 환벽당 아래로는 창계천이 흘러요. 마루에 앉으면 광주를 대표하는 산인 무등산 자락도 잘 보이지요. 많은 호남 선비들이 환벽당에 모여 공부했어요. 냇물 흐르는 소리와 푸르른 나무들을 보며 멋진 시도 짓고요.

기대승도 이곳에서 김윤제, 김인후 등의 학자들과 책을 읽고, 이야기를 나누며 실력을 길렀어요. 조선의 유명한 시인인 송강 정철도 바로 이 환벽당에서 기대승에게 학문을 배웠답니다.

광·주·위·인 | 02

많은 일본군을 물리치고도 죄인이 된 의병장

김덕령

조선 | 1567 ~ 1596 | 의병장

나는 임진왜란 때 일본군과 싸운 의병장이야. 내가 얼마나 용맹했는지 알아? 일본군들이 나를 보면 무서워서 벌벌 떨며 도망을 갔다고!

인물 소개

1592년 임진왜란이 일어나자 형 김덕홍과 함께 의병으로 전쟁에 참가했어요. 일본군과 싸워 이기면서, 김덕령은 조선의 전쟁 영웅으로 떠올랐어요. 1596년 충청도에서 일어난 반란을 막으러 다녀온 후, 오히려 반란을 이끌었다는 누명을 쓰고 감옥에 갇혔지요. 결국 김덕령은 스물아홉 살에 모진 고문을 받고 억울하게 세상을 떠났답니다.

김덕령의 이모저모

시대 조선

생년월일 1567년에 태어났어요.

태어난 곳 광주에서 태어났어요.

별명 석저 장군★

직업 의병장

명언 나의 유일한 죄는 죽음을 두려워하지 않고 충성과 효도를 다한 것이다.

★ **석저 장군** 석저촌(지금의 광주 충효동)에서 태어나서 석저 장군으로 불렸어요.

 우리가 알아야 할 **김덕령** 이야기

임진왜란 영웅이 된
광주 충효동의 천하장사

  1592년 조선 땅에 큰 난리가 났어요. 일본이 조선에 쳐들어와 임진왜란이 일어난 거예요. 오랫동안 전쟁을 준비한 일본군은 임금이 사는 한양까지 거침없이 올라왔어요. 전쟁이 거세지자 선조 임금은 백성들을 돌볼 생각은 하지 않고 북쪽으로 도망을 가 버렸고요.

  이즈음 광주 석저촌에 김덕령이라는 청년이 살았어요. 김덕령은 어려서부터 힘이 셌어요. 자신보다 몸집이 큰 장사를 한 번에 쓰러트릴 정도로 씨름을 잘했지요. 임진왜란이 일어나자 김덕령은 형 김덕홍을 따라 의병이 되기로 결심했어요.

"전쟁이 나니까 임금은 도망가고, 양반들은 값나가는 물건을 챙겨 숨기 바쁩니다. 일반 백성들이 스스로 군인이 되어 일본군과 싸우고 있습니다. 저는 힘이 세고, 무술에 자신이 있습니다. 저도 일본군을 물리치는 의병대에 들어가 싸우겠습니다!"

김덕령은 형과 함께 고경명 장군이 이끄는 의병대에서 활동했어요.

그러던 중 고향에 계신 어머니가 아프다는 연락을 받았어요. 김덕령은 의병을 잠시 그만두고 고향으로 돌아왔어요. 고향에서 아픈 어머니를 돌보는 사이 형 김덕홍이 금산에서 적과 싸우다가 목숨을 잃었어요. 그 전투에서 호남 의병대를 이끌던 고경명 장군도 세상을 떠났지요.

조선군은 일본군에 밀려 점점 힘을 잃어 갔어요. 더구나 고경명 장군이 죽은 후 전라도 땅에는 의병대를 이끌 대장이 없는 상태였어요. 대장이 없으니 제대로 된 작전을 펼치기 어려웠지요. 그때 사람들이 김덕령을 떠올렸어요.

"김덕령이라면 이 어려움을 헤쳐 나갈 수 있을 것입니다. 무술이 뛰어나고 용맹한 김덕령을 의병장으로 모십시다!"

김덕령도 더는 가만있을 수 없었어요. 김덕령이 나선다는 소문이 돌자 순식간에 광주와 전라도 지역에서 5천여 명의 의병이 모였어요.

넓고 평평한 땅이 대부분인 전라도는 예부터 쌀을 비롯한 곡식이 많이 났어요. 쌀 생산지인 전라도가 무너지면 조선 전체가 무너진다고 해도 지나친 말이 아니었지요.

전쟁터에 나간 김덕령은 거침이 없었어요. 일본군이 전라도로 들어오는 것을 철저하게 막았어요. 김덕령의 소문은 온 나라에 퍼졌어요. 김덕령은 단박에 조선의 영웅으로 떠올랐어요.

한편 임진왜란 중이던 1596년 충청도에서 이몽학이라는 사람이 반란을 일으켰어요. 나라에서는 김덕령 의병대에게 반란을 막으라는 명령을 내렸지요.

김덕령은 명령에 따라 의병대를 이끌고 충청도로 갔어요. 그런데 가는 길에 이몽학의 난이 실패로 끝났다는 소식이 들려왔어요. 김덕령이 충청도에 갈 필요가 없어진 거예요. 김덕령은 의병대를 이끌고 다시 돌아왔어요.

그때 문제가 생겼어요. 이몽학의 난을 일으킨 사람들이 고문을 받다가 김덕령이 반란을 일으켰다고 거짓말을 했어요. 반란을 함께 일으킨 동료의 이름을 대기 곤란하니까 당시 가장 유명한 김덕령의 이름을 말해 버린 거예요. 이때 신경행이라는 사람이 이렇게 보고했어요.

"김덕령이 이몽학과 짜고 반란을 일으켰습니다."

신경행은 평소 김덕령에게 불만을 가진 사람이었어요. 자신은 과거에 합격한 정식 장수인데, 그렇지 못한 김덕령의 부하로 일을 했거든요. 선조 곁에 있던 신하들도 신경행을 거들었어요.

"전하, 김덕령은 위험한 사람입니다. 이대로 두었다가는 또 어떤 반란을 일으킬지 모릅니다. 김덕령을 잡아 죄를 물어야 합니다."

선조도 신하들의 말을 듣고 김덕령을 의심하기 시작했어요. 사실 선조와 신하들은 백성들로부터 엄청난 사랑과 믿음을 받고 있던 김덕령이 두려웠답니다. 신하들은 자꾸 김덕령이 큰 죄를 지었다며 왕을 부추겼어요.

결국 선조는 신하들의 요구를 들어주었어요.

"김덕령은 이몽학과 짜고 반란을 일으킨 것이 분명하다. 당장 김덕령을 잡아오너라. 내가 직접 죄를 찾아 벌을 줄 것이니라!"

임금 앞에서 모진 고문을 당하면서도 김덕령은 죄를 인정할 수 없었어요.

"전하, 저는 이몽학과 반란을 꾀하지 않았습니다. 저는 절대 전하와 백성을 배신한 일이 없습니다. 저의 죄는 오로지 죽음을 두려워하지 않고 충과 효를 다한 것뿐입니다."

"저놈이 아직도 자신의 죄를 인정하지 않는구나! 여봐라, 더 세게 고문하라!"

김덕령은 모진 고문에도 끝까지 자신은 죄가 없다고 호소했어요. 하지만 아무도 들어주지 않았어요. 결국 그는 고문을 받다가 세상을 떠나고 말았어요. 그때 그의 나이 스물아홉 살이었어요.

한참 시간이 흐른 뒤에 후대의 왕들은 김덕령의 억울한 죽음을 헤아려 주었어요. 정조는 1788년 그의 공을 기려 '충장공'이라는 시호★를 내려 주었대요. 김덕령이 태어난 곳을 충효의 고을이라며 '충효리'라고 이름 붙였고요.

김덕령은 감옥에 갇혀 죽기 직전에 마지막 유언처럼 〈춘산곡〉이라는 시를 썼어요. 오늘날 광주 시민들의 휴식처인 남구 사직 공원 안에는 〈춘산곡〉을 새겨 넣은 시비가 있답니다.

★ **시호** 죽은 사람의 공덕을 기리기 위해 붙인 이름

김덕령의 업적 이야기

김덕령은 뭘 했을까?

조선은 내가 지킨다!

김덕령은 임진왜란 때 의병을 이끌고 여러 전투에 참가했어요. 지금의 경상남도 거제시에서 일어난 장문포 해전에서는 이순신 장군과 힘을 모아 일본군과 싸웠지요.

임진왜란 이후에 나온 《난중잡록》이라는 책을 보면 '온 나라 사람들이 김덕령에게 의지했고, 일본군들도 그를 겁내 전라도를 감히 침범하지 못했다'고 쓰여 있어요. 사람들은 '수군에는 이순신, 육군에는 권율, 의병에는 김덕령'이라고 말하며 김덕령을 칭찬했답니다.

우리는 임진왜란 때 조선을 지킨 이순신, 권율, 김덕령.

소설 속 주인공이 된 김덕령

김덕령이 죽은 후 《김덕령전》이라는 소설이 탄생했어요. 《김덕령전》은 김덕령을 도술까지 하는 영웅으로 그리고 있어요. 책 속의 김덕령은 호랑이에게 잡혀간 친구를 구해 오고, 달리는 말을 따라잡아서 말 위에 올라타요. 혼자서 일본군 수천 명을 상대로 싸웠다는 내용도 있어요.

《김덕령전》은 역사적 사실과 꼭 맞지는 않아요. 이런 소설이 등장한 것은 그만큼 많은 사람들이 김덕령을 그리워하고, 그를 조선의 영웅으로 생각했다는 증거랍니다.

김덕령과 함께 보기

광주 '제봉로'의 유래가 된 고경명

고경명 (1533~1592) 예순 살에 의병을 일으킨 의병장

나는 광주 남구 압촌동에서 태어났어. 20대에 과거에 합격한 이후 여러 관직을 두루 맡았지. 그런데 관직을 그만두고 고향에 머물고 있을 때 임진왜란이 일어났어. 나는 평생 글을 읽은 학자였지만 가만있을 수 없었어. 일본군과 싸우기 위해 전쟁터에 나가겠다고 결심한 거야. 전라남도 담양에서 의병을 모집했더니 불과 30일 만에 6천 7백여 명의 의병이 모이더군. 나는 일본군이 충청남도 금산을 차지했고 곧 호남으로 쳐들어온다는 계획을 전해 들었어.

일본군이 호남으로 들어오지 못하게 하려면 금산을 되찾아야 해! 나는 의병을 이끌고 금산으로 갔어. 그때 내 나이가 예순 살이었는데 젊은이 못지않은 열정으로 일본군과 맞서 싸웠지. 하지만 금산에서 치열한 전투를 벌이다가 그만 목숨을 잃고 말았어.

비록 싸움에는 졌지만 나는 의병 활동에 큰 영향을 미쳤어. 늙은 나이에도 용감하게 싸우는 내 모습에 감동해서 더 많은 사람들이 의병을 하겠다고 나섰다는구나.

현재 광주 남구에는 나와 아들들, 그리고 함께 의병으로 활동한 유팽로, 안영을 기리는 사당 '포충사'가 있어. 광주역에서 남광주역을 잇는 도로인 '제봉로'는 나의 호★ 제봉을 따서 이름 지은 길이야.

★ **호** 본명 외에 편하게 부르는 이름

역사 **체험 학습**

김덕령의 발자취

충장로

📍 광주광역시 동구

광주에서 가장 번화한 거리예요. 광주의 최신 유행 패션을 알 수 있는 쇼핑센터가 모여 있어요.
1946년 김덕령의 충성스러움과 용맹함을 기억하기 위해 그의 호를 따서 충장로라고 이름 붙였어요.

충효동 정려비각

📍 광주광역시 북구 충효동
◆ 광주광역시 기념물 제4호

김덕령과 그의 부인, 형 김덕홍, 동생 김덕보를 기리기 위해 마을 앞에 세운 비석이에요. 비석에는 정조가 '김덕령이 태어난 마을을 충효리라 이름 짓고, 그를 기리는 비석을 세우라.'고 명했다는 내용이 쓰여 있어요.

취가정

♥ 광주광역시 북구 충효동

♦ 광주광역시 문화재자료 제30호

김덕령의 후손들이 그를 생각하며 세운 정자예요. 지금 모습은 6·25 전쟁 때 불탄 것을 1955년에 다시 지은 거예요.
어느 날 권필이라는 사람 꿈에 김덕령이 나타나 억울한 마음을 담은 노래 〈취시가〉를 불렀대요. 권필이 이에 답하는 시를 지어 김덕령을 위로했다고 해요. 취가정이라는 이름은 이 이야기에서 유래했어요.

충장사

♥ 광주광역시 북구 금곡동

김덕령을 기리기 위해 세운 사당이에요. 김덕령의 모습을 담은 영정*과 왕이 그에게 내린 관직을 적은 교지를 보관하고 있어요. 사당 뒤쪽에는 김덕령의 묘와 묘비, 가족들의 묘가 함께 있어요.
충장사 안 유물관에는 김덕령이 입었던 옷과 각종 유품이 전시되어 있어요. 그의 시신을 담았던 관을 보면 그의 키나 몸집이 그리 크지 않았다는 것을 알 수 있어요.

★ **영정** 제사나 장례를 지낼 때 쓰는, 사람 얼굴을 그린 족자

광·주·위·인 | 03

노비 신분을 극복한 조선의 용맹한 장군

정충신

조선 | 1576~1636 | 장군

나는 정충신이란다.
노비 출신에 몸집도 남보다 작지만
굳센 용기를 가졌지!
국경을 단단히 지키고,
반란을 일으킨 군사들도 물리쳤어!

인물 소개

노비인 어머니의 신분을 따라 노비였어요. 하지만 누구보다 똑똑하고 용감했지요. 임진왜란 때 권율 장군의 부하로 일했는데, 작고 날랜 몸으로 중요한 문서를 날랐어요. 당시 병조 판서였던 이항복의 눈에 띄어 그의 가르침을 받고 과거 시험에 합격했어요. 벼슬을 하며 여진족으로부터 조선의 국경을 지켰어요. 1624년에는 '이괄의 난'을 진압★했어요.

정충신의 이모저모

시대 조선

태어난 곳 광주에서 태어났어요.

직업 장군

생년월일 1576년에 태어났어요.

특징 딱 한 번 보고 술술 외우기

★ **진압** 힘으로 억눌러 안정시킴

 우리가 알아야 할 **정충신** 이야기

총명함과 용기를 가진 소년

"으아악! 일본군이 몰려온다!"

1592년, 일본의 침략으로 조선에 큰 난리가 났어요. 수많은 군사들과 백성들이 목숨을 잃었지요. 무려 7년 동안이나 백성들을 끔찍한 고통에 빠트린 '임진왜란'이 벌어진 거예요. 임금도 한양을 떠나 먼 북쪽에 있는 의주로 피란*을 떠나고 말았어요.

당시 광주 지역은 광주 목사인 권율 장군이 지키고 있었어요. 열일곱 살의 어린 정충신도 권율 장군 아래서 심부름을 하고 있었어요. 정충신은 작지만, 몸놀림이 날쌨어요. 그래서 중요한 문서나 편지를 전달하는 '통인'으로 일했답니다.

그러던 어느 날, 권율 장군이 군사들과 통인들을 모두 불러 모았어요. 권율의 손에는 글자가 빼곡한 종이가 들려 있었어요. 호남에서 조선 군사들이 거둔 승리와 전투 상황을 알리는 중요한 문서였어요.

"여봐라! 지금 내 손에 든 것은 의주에 계신 임금님께 급히 전해야 하는 문서다. 하지만 누구 하나 이 문서를 전하러 나서는 이가 없다!"

권율 장군의 말에 사람들이 모두 술렁였어요. 의주까지 가는 길은 이미 일본군들이 지키고 있었거든요. 그 길을 통과하려면 목숨을 내놓아야 할 판이었죠. 더군다나 임금에게 보내는 중요한 문서를 지니고 간다니, 생각만 해도 다리가 후들거리는 것 같았어요.

★ **피란** 난리를 피하여 옮겨 감

권율 장군의 호령에 사람들은 서로 눈치만 보기 바빴어요. 그때, 정충신이 앞으로 나섰어요.

"제가 다녀오겠습니다, 장군님."

사람들의 눈이 휘둥그레졌어요. 몸집이 작은 어린 소년이 용감하게 나섰으니 말이에요.

정충신은 의주까지 무사히 문서를 전달하기 위해 꾀를 냈어요. 문서를 얇게 새끼줄처럼 꼬아 작은 배낭을 만들었어요. 얼굴과 온몸엔 옻칠을 했어요. 더러운 거지처럼 보이기 위해서였죠.

"평소처럼 하면 돼! 겁먹고 움츠러들면 오히려 일본군들의 의심을 살 거야."

준비를 끝낸 후 문서로 만든 배낭을 둘러메고 씩씩하게 길을 나섰어요.

정충신은 날카로운 칼과 총을 든 일본군들 사이를 날래게 통과했어요. 일본군들에게 다가가 밥을 구걸하는 시늉을 하며 정보를 캐내기도 했답니다.

무사히 의주에 도착한 정충신은 임금에게 권율 장군의 문서를 전달했어요. 힘센 군사들과 경험 많은 통인들도 못 한 일을 열일곱 살 정충신이 해낸 거예요!

정충신의 업적 이야기

정충신은 뭘 했을까?

정충신은 권율 장군 밑에서 일하다 병조 판서라는 높은 벼슬의 이항복을 만났어요. 이항복은 정충신의 남다른 총명함을 알아보고, 자신의 집에 머물게 하며 학문과 무술을 가르쳤어요. 그리고 선조 임금에게 정충신을 소개하여 양민*이 될 수 있게 해 주었어요. 노비 신분을 벗어난 정충신은 그 후 과거 시험에 합격했고, 여러 관직에 올랐답니다.

총명함으로 노비 신분을 벗은 정충신

★ **양민** 노비가 아닌 일반 백성

나라를 위해 용감히 싸운 정충신

1624년, 이괄이 자신의 관직에 불만을 품고 반란을 일으켰어요. 정충신은 재빨리 군사들을 이끌고 가서 이괄과 전투를 벌였어요. 패배한 이괄과 반란군들은 한양에서 도망치기 시작했어요. 정충신은 이들을 추격해 무찔렀어요. 1627년에는 여진족이 조선을 침략한 '정묘호란'이 벌어졌어요. 당시 정충신은 병을 앓아 관직에서 물러나 있던 상태였어요. 하지만 나라가 위기에 빠지자 아픈 몸을 이끌고 임진강을 지켰어요.

금남군 정충신

광주 동구의 금남로는 광주에서 가장 유명한 도로예요. 금남로에 있는 옛 전남 도청과 상무관 등은 5·18 민주화 운동의 역사를 간직하고 있어요. '금남'이란 도로의 이름은 광주에서 태어난 용맹한 장군 금남군 정충신에서 따온 거예요.
금남군은 인조 임금이 '이괄의 난'을 막은 정충신에게 상으로 내린 이름이에요. 인조는 충청남도 서산에 있는 이괄의 땅도 정충신에게 주었답니다.

금남로

충무공 정충신

여러분은 충무공 하면 누가 떠오르나요? 아마도 거북선을 이끌고 조선의 바다를 지킨 충무공 이순신 장군이 생각날 거예요. 하지만 '충무'라는 시호를 받은 사람은 이순신 외에도 여럿 있어요. 이괄의 난과 정묘호란 때 위험에 빠진 나라를 구한 정충신도 그중 하나랍니다. 충무공 이순신과 충무공 정충신, 모두 죽음을 두려워하지 않고 나라와 백성을 위해 용감하게 싸운 위대한 장군이에요.

역사 **체험 학습**

정충신의 발자취

경열사

📍 광주광역시 북구 망월동

정충신과 고려의 장군이었던 정지* 등 8명의 위패를 모시고 있어요. 정지는 정충신의 조상이기도 해요. 지금의 경열사는 1981년에 다시 고쳐 지은 모습이에요. 원래는 1644년 동구 동명동 쪽에 지어졌으나, 서원을 없애라는 흥선 대원군의 명령에 의해 1871년 철거되었지요. 사당 뒤편에는 광주광역시 기념물 제2호인 정지의 묘가 있어요.

★ 103쪽에서 더 살펴보아요.

금남군 정충신 영정각

📍 전라북도 장수군 장계면
◆ 전라북도 문화재자료 제33호

정충신의 영정을 모신 곳이에요. 정충신의 후손인 정백흥이 1811년 전라북도 장수군에 지었답니다.

진충사

- 충청남도 서산시 지곡면
- 충청남도 문화재자료 제206호

인조는 '이괄의 난'을 진압한 정충신에게 충청남도 서산에 있는 땅을 상으로 내렸어요. 그래서 서산에는 정충신 관련 유적지들이 많이 남아 있답니다. 진충사는 정충신을 기리기 위해 지은 사당이에요. 사당에 가면 정충신의 모습을 그린 영정과 정충신의 부대에서 사용한 깃발, 그가 입던 갑옷 등의 유물을 볼 수 있어요.

정충신 묘

- 충청남도 서산시 지곡면
- 충청남도 문화재자료 제210호

진충사 근처인 국사봉에 정충신의 묘가 있어요. 부인의 묘와 나란히 자리 잡은 정충신의 묘 앞에는 묘비가 있고, 주변에는 석상들이 세워져 있어요.

광·주·위·인 | 04

함께 활약한 아버지와 아들 의병장

양진여와 양상기

근대 | 양진여(1862 ~ 1910), 양상기(1883 ~ 1910) | 의병장

인물 소개

양진여와 양상기는 아버지와 아들 사이예요. 두 사람 모두 일본에 맞서 의병 활동을 펼쳤지요. 아버지인 양진여는 1907년, 광주에서 의병을 모아 의병장이 되었어요. 광주, 담양, 장성, 나주 등에서 일본군과 치열하게 싸웠지요. 아들인 양상기는 광주 경찰서에 경찰로 있었는데, 아버지가 의병장이라고 경찰에서 쫓겨났어요. 그 후 의병을 모아 일본과 싸우기 시작했어요.

양진여와 양상기의 이모저모

시대: 조선 … 대한 제국

직업: 의병장

태어난곳: 광주에서 태어났어요.

특징: 서암대로, 설죽로 이름의 유래★

★ 서암은 양진여의 호, 설죽은 양상기의 호예요. 43쪽에서 더 살펴봐요.

우리가 알아야 할 **양진여** 이야기

일본에 당당하게 맞선 양진여

★ **남한 대토벌 작전** 일본이 대한 제국의 의병 세력을 완전히 막기 위해 펼친 군사 작전

우리가 알아야 할 **양상기** 이야기

아버지의 길을 따라간 양상기

양진여와 양상기의 업적 이야기

양진여와 양상기는 뭘 했을까?

양진여, 양상기 부자(父아버지 부 子아들 자)는 나라를 위기에서 구하고자 자신들의 목숨을 바쳤어요. 아버지가 간 의병의 길을 아들이 따라서 두 사람이 함께 의병장으로 활동했어요. 아버지와 아들이 모두 의병장이 되어 일본과 맞서 싸우는 것은 결코 쉽지 않은 일이에요.

두 사람은 체포되어 갖은 고문을 받으면서도 나라를 생각하는 마음을 잃지 않았어요. 일본이 '마음을 바꿔 일본에 충성하면 살려 주겠다'고 제안했지만 넘어가지 않고 당당히 죽음을 선택했어요.

일본에 맞선 부자 의병장

아들아, 네가 정말 자랑스럽다!

광주에 함께 묻힌 부자

광주 서구의 백마산 기슭에 아버지 양진여와 아들 양상기의 묘가 있어요. 양진여 무덤 앞에는 '내 한 목숨은 아깝지 않으나 뜻을 이루지 못하고 치욕을 당해 형을 받고 죽음은 유감이다.'라고 새겨진 비석이 있어요. 그런데 함께 있는 아들 양상기의 무덤 안에는 시신이 없대요. 양상기가 죽은 뒤 시신을 찾을 수 없었기 때문이에요. 그 대신 대구 형무소 근처에 있던 흙 한 줌을 가져와 이곳에 묻었다고 해요.

역사 체험 학습

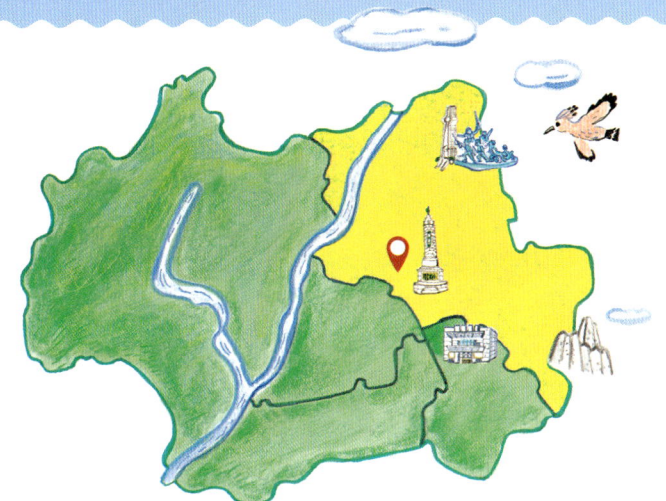

양진여와 양상기의 발자취

서암대로 · 설죽로

광주 북구의 동운 고가 도로에서 신안교, 전남 대학교 사거리를 지나 서방 사거리까지의 길을 서암대로라고 해요. 양진여의 호 '서암'을 딴 도로명이에요. 또 신안교에서 시작해서 호남 고속 도로가 지나는 신용교, 북부 경찰서 앞 사거리, 일곡 교차로까지의 길은 설죽로예요. '설죽'은 양상기의 호랍니다. 양진여와 양상기의 이름을 딴 두 길은 신안교에서 서로 만나요.

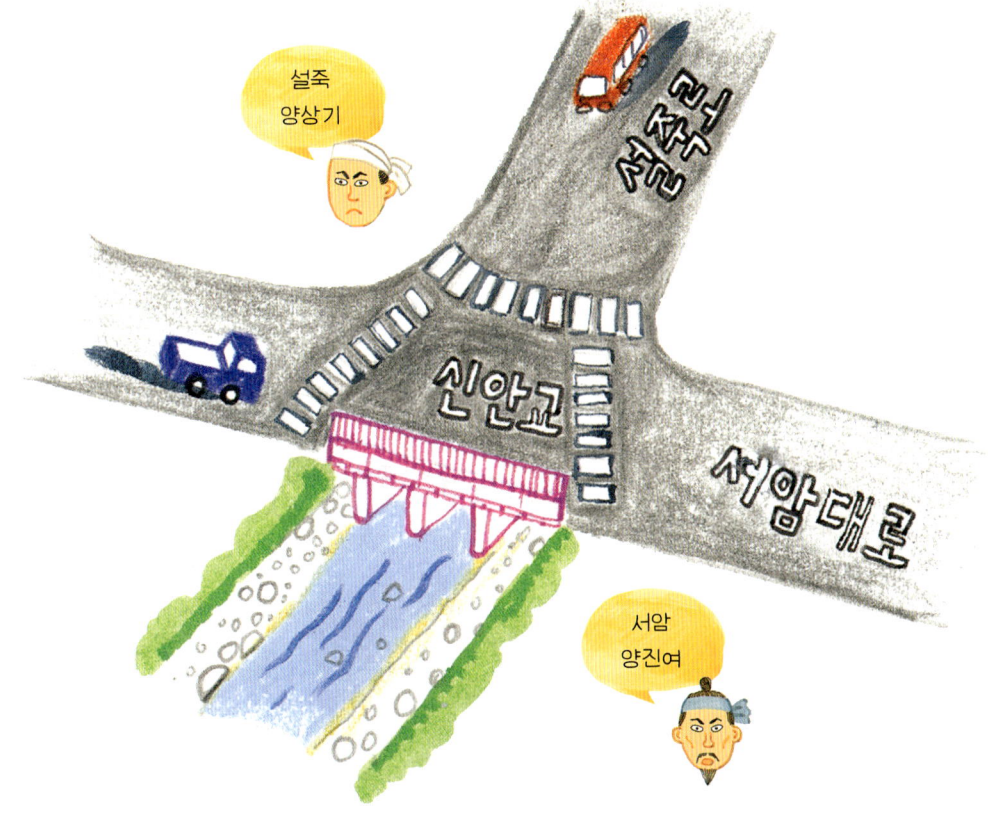

광·주·위·인 | 05

전라도 의병을 이끈 **용맹한 의병장**

김태원

근대 | 1870 ~ 1908 | 의병장

나는 일본군을 무찌르기 위해 나선 의병장 김태원이야. 우리 의병들은 평범한 백성들이었어. 하지만 나라를 빼앗길 위기에 빠지자 스스로 무기를 들었단다.

인물 소개

김태원은 1906년 동생 김율과 함께 의병을 일으켰어요. 김태원과 김율은 형제 의병장이었죠. 김태원은 광주, 고창, 영광 등 호남 지역에서 활약했어요. 일본군에 맞서 다양한 전술을 써 가며 용감하게 싸웠어요. 그러다 1908년 광주 어등산에서 벌어진 일본군과의 전투에서 목숨을 잃었어요.

김태원의 이모저모

시대
조선 → 대한 제국

생년월일
1870년에 태어났어요.

태어난 곳
전라남도 나주에서 태어났어요.

직업
의병장

명언
나의 죽음은 의병을 일으킨 날에 이미 결정했다.

우리가 알아야 할 **김태원** 이야기

나에게 후퇴란 없다!

일본이 조선을 식민지로 만들려 하자 전국 곳곳에서 의병이 일어났어요. 백성들은 의병이 되어 낫과 괭이 등 농기구와 무기를 들고 싸움에 나섰어요.

"나라를 빼앗기게 생겼는데 가만있을 수 없구나!"

"형님, 우리 의병을 모읍시다."

김태원도 동생 김율과 함께 의병을 모아 기삼연이 이끄는 '호남창의회맹소'에 합류했어요. '호남창의회맹소'에는 호남 곳곳에서 일어난 의병들이 모여 있었지요. 1907년, 김태원을 비롯하여 호남의 의병들은 고창 문수사에 모이기로 약속했어요. 함께 힘을 합쳐 일본군을 무찌를 계획이었죠.

그런데 문수사 근처에는 이미 총칼을 든 일본군이 출동해 있었어요. 한데 모이려는 의병들의 계획이 그만 새어 나간 거예요!

"으악! 일본군이다!"

일본군의 갑작스런 공격에 의병들은 하나둘씩 뒤로 물러서기 시작했어요. 그때 김태원이 앞으로 나섰어요.

"우리는 의병이다. 죽어도 싸우다 죽을 것이다!"

피하지 않고 용감하게 싸우러 나서는 김태원의 모습에 의병들도 차츰 용기를 냈어요.

"맞소! 싸웁시다!"

　포기할 줄 알았던 의병들이 반격하자 이번엔 일본군이 당황하기 시작했어요. 결국 의병들은 문수사 전투에서 큰 승리를 거뒀답니다.

　김태원은 조선의 산과 길을 잘 알지 못하는 일본군의 약점을 이용했답니다. 깊은 산골짜기에 숨어 있다 갑자기 나타나 일본군을 공격하고는 재빨리 사라졌죠. 눈 깜빡할 사이에 공격을 당한 일본군은 큰 피해를 입었어요.

　계속해서 의병 활동을 벌이던 김태원은 의병들과 함께 광주의 어등산에 숨어들었어요. 곧 수많은 일본군이 공격해 왔어요. 김태원과 의병들은 어등산 토굴에 들어가 싸웠지만 훨씬 많은 수의 일본군을 이겨 낼 수가 없었어요.

　김태원은 도망치지 않고 싸우다 의병들과 함께 목숨을 잃었어요. 나라를 지키기 위해 용감하게 일어난 의병들의 정신은 오늘도 광주 어등산에 남아 있답니다.

김태원의 업적 이야기

김태원은 뭘 했을까?

1907년 고창 문수사에서 벌어진 전투에서 물러서지 않고 싸운 김태원은 '호남창의회맹소'의 선봉장이 되었어요. 선봉장은 제일 앞장서서 부대의 병사들을 이끄는 대장을 말해요. 선봉장 김태원은 나주와 함평에서 일본군과 싸우며 활약을 펼쳤어요. 오늘날 광주 농성 광장에는 김태원 의병장의 동상이 세워져 있어요. 긴 총을 들고 일본군에 용감하게 맞서는 모습이지요.

선봉장 김태원

앗! 일본군이 오고 있어!

격렬한 싸움이 벌어진 광주 어등산

광주 광산구에 있는 어등산은 김태원과 그의 동생 김율이 죽음을 맞이한 곳이에요.

그런데 의병들은 왜 어등산에서 일본군과 맞서 싸웠을까요? 어등산은 야트막한 산이지만 정상에서는 먼 곳까지 내려다보기가 쉬웠어요. 왜냐하면 주변에 다른 높은 산이 없기 때문이에요. 의병들은 어등산 위에서 일본군의 움직임을 살핀 뒤 재빠르게 공격했지요. 게다가 어등산에서는 의병들이 여러 지역의 상황을 살펴보기에 편리했어요. 어등산이 광주, 나주, 장성과 함평에 걸쳐 자리 잡고 있기 때문이에요.

일본군과 친일파를 공격함

1908년, 김태원은 동생 김율의 부대와 힘을 합쳐 의병들을 잡아들이는 데 앞장서던 요시다의 부대와 전투를 벌여 승리를 거두었어요. 이 싸움에서 일본군을 이끌던 요시다는 김태원의 손에 목숨을 잃었어요.

김태원은 친일파들도 공격했어요. 친일파들은 일본과 한패가 되어 같은 민족인 조선 백성들을 앞장서서 괴롭혔거든요.

가난한 백성들을 도움

친일파는 가난한 백성들에게서 무리하게 쌀을 거둬들였어요. 빈털터리가 된 백성들은 굶주림에 고통받아야 했지요. 김태원과 의병들은 친일파와 일본 헌병들을 습격*해 빼앗긴 쌀을 되찾아 백성들에게 나눠 주었어요.

★ **습격** 갑자기 상대편을 덮쳐 침

 **김태원**과 함께 보기

호남 의병들이 모였다! '호남창의회맹소'

호남 지역은 일본의 침략에 맞서 의병 운동이 가장 활발하게 일어난 곳 중 하나였어요. 특히 '호남창의회맹소'의 활약이 대단했답니다. '호남창의회맹소'는 4~5개의 호남 의병 부대가 모여 만든 연합 부대예요. 1907년 10월 30일에 전라남도 장성에서 결성되었어요.

대장 기삼연을 중심으로 김태원, 김율, 김용구, 김익중, 박도경, 유병순 등이 참여했어요. 호남의 장성, 영광, 고창 지역 등에서 모인 의병들은 일본군과의 전투에서 많은 승리를 거뒀어요.

'호남창의회맹소'의 활약이 날로 커지자 일본군들은 대대적인 공격을 시작했어요. 수많은 의병들이 크게 다치고 목숨을 잃었어요. 대장 기삼연도 일본군에게 잡혀 광주로 끌려가 목숨을 잃었지요.

'호남창의회맹소'는 큰 피해를 입었지만 의병장 김태원과 김율, 김용구 등이 남은 의병들과 함께 항일* 의병 활동을 이어 갔어요.

우리 호남창의회맹소는 전라도 지역에서 더 많은 의병이 일어나는 데에 큰 영향을 주었단다.

★ **항일** 조선 말~일제 강점기 동안, 일본의 침략에 맞서 싸운 것을 말함

나는 김태원의 동생 김율이야. 함께 '호남창의회맹소'에서 활약했어. 우린 일본 경찰들이 머물던 주재소를 공격해 무기를 손에 넣었지.

김율 (1882~1908)

나는 김태원 대장의 부하야. 어등산에서 의병들을 이끌고 전투에 참여했어. 일본군이 쏜 총에 맞았지만 그대로 죽을 수 없었어. 품속에 의병들의 이름이 적힌 종이를 가지고 있었거든. 나는 마지막 남은 힘을 내 그 종이를 불태웠단다.

조경환 (1876~1909)

나는 '호남창의회맹소'의 대장을 맡은 기삼연이야. 호남 곳곳에서 일어난 의병을 모아 일본군과 싸웠지. 일본이 우리 조선 백성들로부터 가혹하게 빼앗은 쌀도 되찾아 나눠 주었단다.

기삼연 (1851~1908)

어등산 박산 마을에서 열린 '호남 의병 추모제'의 추모 공연

광·주·위·인 | 06

하늘, 땅, 사람을 사랑한 **한국화가**

허백련

근현대 | 1891 ~ 1977 | 화가

나는 우리나라를 대표하는 한국화가야. 내 그림은 글과 그림이 어우러져 있어. 서울에서 유명한 화가가 되었지만 광주로 내려와 무등산에 머물렀어. 내가 원하는 그림을 그리기엔 이 마을이 딱 좋았거든!

인물 소개

어릴 때부터 한문학을 배우고 그림을 익혔어요. 일본에 건너가 동경의 메이지 대학에서 공부했고, 일본의 유명한 화가에게 그림을 배웠어요. 한국에 돌아온 후 조선 미술 전람회에서 여러 차례 상을 받았어요. 광주에서 글과 그림을 좋아하는 사람들의 모임인 연진회를 만들었어요. 나이가 들어서는 자연을 벗 삼아 무등산에서 지냈어요.

허백련의 이모저모

시대
조선 ⋯→ 대한 제국 ⋯→ 일제 강점기 ⋯→ 대한민국

생년월일
1891년 11월 2일에 태어났어요.

태어난 곳
전라남도 진도에서 태어났어요.

호
의재

직업
화가

 우리가 알아야 할 **허백련** 이야기

한국화를 그린 허백련

 **어린이 역사 기자** 저는 지금 광주 무등산에 있는 의재 미술관에 나와 있습니다. 지금부터 이곳과 관련된 인물을 모시고 인터뷰를 시작하겠습니다.

안녕하세요, 허백련 화가님. 우선 어떻게 화가가 되셨는지 말씀해 주시겠어요?

 **허백련** 에헴! 어린이 여러분, 만나서 반갑습니다. 나는 어릴 때부터 한학과 붓글씨, 그림을 익혔지요. 일본 대학에서 법을 공부하기도 했지만 잘 맞지 않았어요.

법 공부를 그만두고 당시 일본 최고의 화가였던 고무로 선생님을 찾아갔어요. 고무로 선생님이 나한테 그림을 그려 보라고 하시더군요. 나는 산과 물이 어우러진 그림을 그려 보여 드렸지요. 선생님은 그림을 무척 마음에 들어 하시며

"열심히 그림을 그리면 훗날 한국 최고의 화가가 되겠다!"고 칭찬하셨어요. 그날부터 선생님 집에 머물면서 남종화를 배웠답니다.

어린이 역사 기자 조금 전에 '남종화'라고 하셨는데, 그게 무엇인가요?

허백련 동양화의 한 종류예요. 남종화는 시와 글씨, 그림이 잘 어우러져야 해요. 나는 평소 시를 읽고, 한학을 공부한 것을 바탕으로 그림을 그렸어요. 그래서 나를 '한국 남종화의 대가*'라고 부르기도 한답니다.

어린이 역사 기자 광주에는 언제 오신 건가요?

허백련 일본에서 공부하던 중에 아버지가 아프다는 연락을 받고 고향으로 돌아왔어요. 그러다가 친구들이 있는 광주에 왔지요. 이곳이 마음에 들어 계속 살면서 그림을 그렸어요. 목포, 강진, 화순을 돌아다니면서 친구도 만나고, 아름다운 경치를 즐겼지요. 참, 그때 김성수를 만나면서 내 인생이 달라졌어요.

어린이 역사 기자 김성수라면…… 〈동아일보〉를 만들고, 고려 대학교를 세운……?

허백련 허허, 맞소. 내가 법 공부를 그만두고 그림을 그리고 있다는 이야기를 했더니 "그림을 좀 보여 주게." 하더군요. 몇 장 선보였더니 놀라더라고. 그중 한 장을 달라기에 주었어요.
그걸 서울로 가져가서 사람들에게 보여 주었다고 해요. 그곳 예

★ **대가** 높은 경지에 이른 전문가

술가들이 내 그림을 보더니 "허백련이 도대체 누구냐?"고 관심을 가졌대요. 그때까지는 내가 유명하지 않았거든요.

어린이 역사 기자 그럼 그때부터 유명한 화가가 되신 거네요?

허백련 아니에요. 그렇게 내 이름이 알려지고, 나는 금강산 여행을 갔어요. 금강산이 얼마나 아름답던지 정신없이 돌아다니면서 스케치를 했지요.

여행을 마치고 서울로 와서 김성수의 도움으로 그림을 계속 그렸답니다. 그러다 1922년 조선 미술 전람회에서 상을 받았어요. 그때부터 서울에서 활동했지요.

어린이 역사 기자 그런데 어떻게 다시 광주로 오셨나요?

허백련 허허, 사실 서울에서 너무 유명해졌기 때문에 광주로 돌아온 것이라오. 내가 그리는 남종화는 조용하고 겸손한 자세로 그려야 하는데, 서울에서는 그러기 힘들었어요. 스스로를 낮추고 마음을 비우며 살고자 무등산에 자리를 잡았어요.

나는 광주가 좋았어요. 광주는 예술의 고장답게 그림을 사랑하는 사람들이 많았거든요. 또 그 어느 지역보다 내 그림을 이해하고 응원해 주었지요.

어린이 역사 기자 화가님 그림의 특징을 설명해 주시겠어요?

허백련 나는 수십 년 동안 작가 생활을 하면서 1만여 점의 작품을 남겼어요. 일본에서 그림을 배웠지만 일본식을 그대로 따라 하지 않았어요. 일본의 산과 한국의 산의 모습이 다르듯 그림도 달라야 하지요.

나는 한국적인 남종화를 만들어 냈어요. 처음에는 꽃, 새, 소나무를 그렸으나 나중에는 산과 강을 많이 그렸어요. 색깔은 넣은 듯, 안 넣은 듯 엷게 칠했고요. 내 그림들은 부드럽고 수수하지요. 내가 그린 남종화는 한국의 아름다운 자연을 표현하고 있답니다.

어린이 역사 기자 그럼 앞으로 한국적인 남종화를 잘 이어 가야겠네요?

허백련 그럼요. 우리 남종화는 조선 시대의 화가 추사 김정희, 소치 허련, 그리고 나 의재 허백련으로 이어져 왔어요. 그 전통이 잘 이어지면 좋겠습니다. 어린이 여러분도 우리의 그림을 기억하고 많이 찾아 주면 좋겠어요.

어린이 역사 기자 저를 포함해 많은 어린이들이 우리나라 그림과 화가보다는 고흐, 샤갈, 피카소 등 서양화가에 더 친숙할 텐데요. 앞으로는 광주에 살며 우리나라 그림의 전통을 이어 온 의재 허백련 화가에게도 관심을 가져 주세요. 이곳 의재 미술관도 꼭 한번 찾길 바랍니다.

허백련의 업적 이야기

허백련은 뭘 했을까?

삼애(三^{석삼}愛^{사랑 애})는 하늘, 땅, 사람 세 가지를 사랑한다는 뜻이에요. 허백련은 평생 삼애 사상을 실천하려고 노력했답니다. 삼애 학원을 세운 것도 그 실천 중 하나예요.

1945년 일본으로부터 해방이 되던 해, 우리 농촌은 아주 가난했어요. 허백련은 농촌이 발전하려면 교육이 필요하다고 생각했어요. 그래서 삼애 학원을 세우고 가난해서 학교에 다니지 못한 아이들에게 농업 기술을 가르쳤어요.

농촌 지도자를 길러 내는 삼애 학원

광주 화가들의 공간 '연진회'

허백련은 1938년 광주에서 글과 그림을 좋아하는 사람들의 모임 '연진회'를 만들었어요. 허백련이 이런 모임을 만든 것은 광주의 미술이 발전하기를 바랐기 때문이에요.

그는 일주일에 한 번씩 회원들을 모아 놓고 그림을 그리게 했어요. 그리고 그것을 분석하고 평가해 주었어요. 잘된 그림은 전시회를 열어 격려하기도 했고요. 연진회 덕분에 뛰어난 화가들이 탄생할 수 있었지요. 연진회는 그림 교육의 중심이 되어 광주의 문화 예술을 크게 발전시켰어요.

허백련의 그림이 있는 의재 미술관

옛날 삼애 학원이 있던 자리에 지금은 의재 미술관이 세워졌어요. 허백련의 그림을 감상하고 그림에 담긴 생각들을 짚어 볼 수 있는 다양한 전시를 하고 있답니다. 산, 물, 나무 옆에 도드라지지 않게 서 있는 의재 미술관은 건물 자체가 미술품이에요. 자연과 건축이 잘 어우러져 한국의 건축 수준을 한 계단 끌어올렸다고 평가받아요. 그래서 한국화, 건축학을 공부하는 사람들의 발길이 끊이지 않아요.

> 처음부터 나만의 그림이 있던 건 아니란다. 나도 처음에는 일본인 스승의 그림, 중국 유명 화가의 그림과 비슷하게 그렸어. 하지만 나중에는 그 누구와도 똑같지 않은 나만의 독특한 그림을 그렸지. 실력을 갈고닦고 난 후에 나만의 개성을 만든 거야.

 허백련과 함께 보기

허백련이 그린 그림

〈산수화〉

허백련이 그린 산수화예요. 산과 계곡의 아름다운 경치를 사실적으로 그린 그림이지요. 비단 위에 엷게 색칠했어요.

크기는 가로 49.2센티미터, 세로 152.9센티미터예요. 국립 중앙 박물관에 있어요.

나는 살면서 1만 점이 넘는 작품을 그렸어. 대표작으로는 〈계산청하〉, 〈설경〉, 〈추경산수〉 등이 있지.

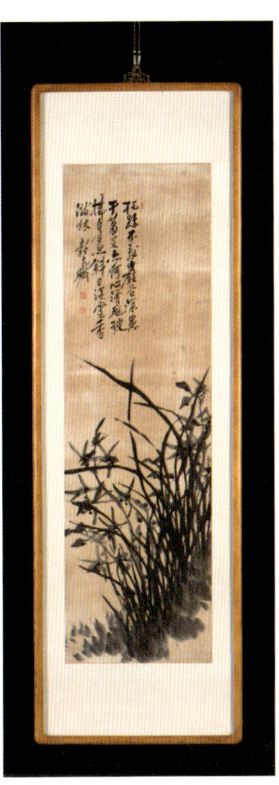 

〈난초〉, 〈국화〉

허백련은 꽃 그림을 그리기도 했어요. 그중 국립 중앙 박물관에 있는 난초 그림과 국화 그림을 소개할게요.

〈일출이작〉

농업 학교를 세울 정도로 농업 발전에 힘을 쏟은 허백련의 관심을 보여 주는 작품이에요. 복숭아꽃 피는 남도의 봄과 낮은 산, 넓은 농경지의 풍요로운 모습을 꼼꼼하고 아름답게 담았어요. 전남 대학교 농과 대학에 주기 위해 그렸다고 해요.

역사 **체험 학습**

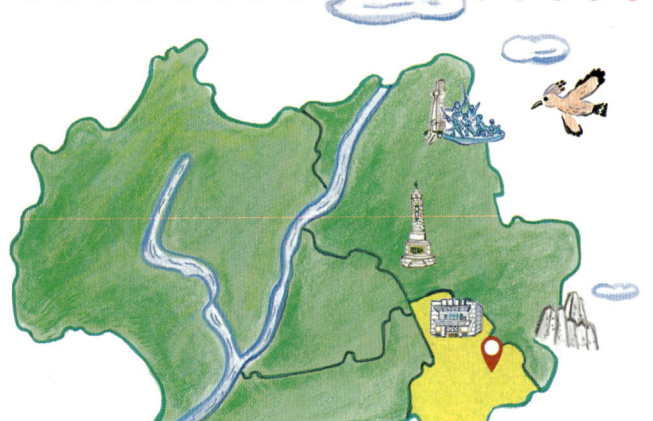

허백련의 발자취

의재 허백련 문화 유적

📍 광주광역시 동구 운림동

앞서 소개한 의재 미술관 주변에는 허백련과 관련된 장소가 많아요.

관풍대

허백련이 사람들과 학생들을 만나려고 만든 곳이에요. 허백련은 여기 모인 사람들과 차를 마시면서 세상 돌아가는 이야기를 나누었대요.

허백련 춘설헌

♦ 광주광역시 기념물 제5호

허백련이 1946년부터 1977년까지 30년간 머물면서 화실로 사용했던 작은 집이에요.

의재로

광주 시내에서 무등산 가는 길을 허백련의 호를 따서 '의재로'라고 이름 붙였어요.

의재 묘소

1977년 세상을 떠난 허백련의 묘가 있는 곳이에요. 허백련이 평생 사랑했던 무등산과 차밭, 나무가 내려다보여요.

삼애다원

허백련은 일제 강점기 때 일본인이 관리하던 무등산의 차밭을 샀어요. 정성껏 가꾸며 전통차를 알리는 데 힘썼어요.

광·주·위·인 | 07

독립과 민족의 미래를 위해 앞장선 사람들
김필례 가문

근현대 | 김필례(1891 ~ 1983), 김필순(1878 ~ 1919),
김순애(1889 ~ 1976), 김마리아(1892 ~ 1944) | 독립운동가

내 이름은 김필례야.
광주 수피아 여학교에서 학생들을 가르쳤지.
우리 가족들을 소개할게. 나의 오빠 김필순과
언니 김순애는 독립운동에 앞장섰어.
사랑하는 조카인 김마리아도
용감한 독립운동가였단다.

인물 소개

1907년 김필순은 안창호와 함께 일본에 맞서 싸우는 독립운동 단체 '신민회'에서 활동했어요. 1919년 김순애는 중국에서 '상해 대한애국부인회'를 만들어 독립운동가들을 도왔어요. 1919년 김마리아는 일본 동경에서 발표한 '2·8 독립 선언문'을 옷 속에 숨겨 우리나라로 건너왔어요. 일제 강점기에 일본에 맞서다 문을 닫은 광주 수피아 여학교가 1945년에 다시 문을 열게 되자 김필례가 교장을 맡았어요.

김필례 가문의 이모저모

김필순 - 독립군을 치료한 의사
김순애 - 중국 상해에서 활약한 독립운동가
김필례 - 여성 교육에 앞장선 선생님
김마리아 - 일본의 잔인한 고문에도 굴하지 않은 독립운동가

우리가 알아야 할 **김필례 가문** 이야기

광주에 나타난 비밀 손님!

1919년, 일본의 지배를 받던 조선은 큰 고통을 겪었어요. 일본은 총칼을 든 경찰과 헌병을 앞세워 조선 국민들을 탄압했어요. 독립운동가들을 감옥에 가두고, 끔찍한 고문을 가했어요. 한글로 쓰인 신문을 없애 버리기도 했지요.

하지만 조선 국민들은 독립을 위한 싸움을 멈추지 않았어요. 그해 2월에는 일본 동경에 있는 조선 유학생들이 '2·8 독립 선언문'을 발표했어요. 유학생들은 일본을 강하게 비판하며, 조선의 독립을 위해 마지막 한 사람까지 싸울 것을 다짐했어요.

그러던 어느 날, 남편과 함께 광주에 살고 있던 김필례에게 두 명의 손님이 찾아왔어요. 사람들의 눈을 피해 아주 조심스럽게요.

"필례야, 우리 왔어."

"어머, 이게 누구야? 순애 언니! 마리아까지 왔네!"

비밀리에 찾아온 손님은 김필례의 언니 김순애와 조카 김마리아였어요. 김마리아는 '2·8 독립 선언문'을 조선 곳곳에 전하기 위해 일본에서 부산과 대구를 거쳐 광주까지 온 거예요. 일본 경찰의 눈을 피해 옷 속에 독립 선언문을 감춘 채 말이에요.

"필례 고모, 이 독립 선언문을 복사해서 널리 알려야 해요."

"아니 마리아야, 너 다음 달이면 졸업이잖아? 학교는 어떡하고 온 거야?"

김필례가 조카에게 걱정스럽게 물었어요.

"나라를 잃었는데 졸업장이 무슨 소용이에요?"

김마리아의 흔들림 없는 대답에 김필례도 더는 묻지 않았어요.

"그래, 네 말이 맞아. 그럼 우리 남편 병원에 있는 지하실로 가자. 거기서는 독립 선언문을 몰래 복사할 수 있을 거야."

일본에 들켰다가는 바로 감옥에 끌려갈 위험한 일이었죠. 하지만 그들은 마음을 단단히 먹고 지하실에서 '2·8 독립 선언문'을 복사하기 시작했어요. 당시의 복사 작업은 고된 일이었어요. 까만색 먹지에 손으로 꾹꾹 눌러 써야 했거든요. 아기를 가져 배가 부른 김필례에게는 더욱 힘든 작업이었지요. 점점 손가락과 팔이 아파 왔지만 포기하지 않고 복사를 계속했어요.

이렇게 힘들게 완성된 수백 장의 독립 선언문은 전국 방방곡곡 전해졌어요. 동경에서 시작된 독립의 열기가 조선 땅에 전해지자 뒤이어 3·1 운동이 더욱 힘차게 일어났어요.

"대한 독립 만세! 대한 독립 만세!"

"태극기를 듭시다!"

조선의 국민들은 태극기를 손에 들고 거리로 뛰쳐나와 힘껏 '대한 독립 만세'를 외쳤어요. 뜨거운 독립의 열기가 전국으로 퍼져 나간 거예요.

 김필례 가문의 업적 이야기

김필례 가문은 뭘 했을까?

김필례

평생 여성 교육에 힘쓴 교육자예요. 김필례는 조선 여성들이 더 나은 삶을 살 수 있도록 노력했어요.
당시에는 대부분의 여성들이 제대로 된 교육을 받지 못했고, 좋은 직업을 가지기도 어려웠거든요. 김필례는 여학교에서 학생들을 가르쳤답니다. 또한 일본의 뜻을 거슬렀다는 이유로 강제로 문을 닫은 광주 수피아 여학교와 정신 여학교를 되살리는 일에도 앞장섰어요. 조선이 독립을 맞은 1945년, 학교가 다시 문을 열고 김필례가 교장을 맡았답니다.

김필순

우리나라 최초로 서양 의학 면허를 받은 7명의 의사 중 한 명이에요. 독립운동가 안창호와 함께 일본에 맞서 싸우는 비밀 독립운동 단체인 '신민회'를 만들었어요. 1911년에는 중국으로 가서 병원을 열었어요. 김필순은 다친 독립군들을 치료하고, 병원에서 번 돈을 독립운동 자금*으로 내놓았어요.

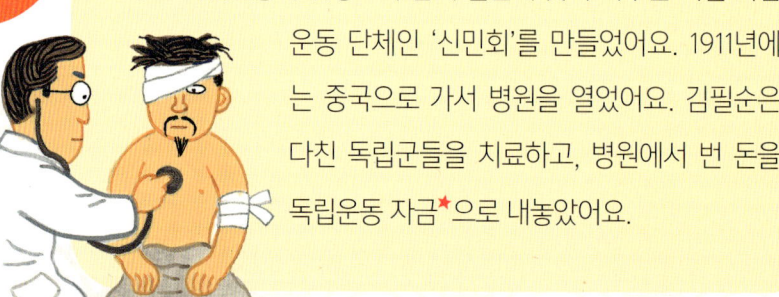

★ **자금** 특정한 목적을 위해 쓰는 돈

김순애

독립운동가인 남편 김규식과 함께 중국 상해에서 활약했어요. 김순애는 여성들이 독립운동에 적극적으로 참여할 수 있도록 '상해 대한애국부인회'를 만들었어요. 이 단체를 통해 독립운동에 필요한 돈을 모아 임시 정부에 보내고, 독립운동가의 가족들을 돌봤어요.

"임시 정부까지 무사히 전달해 주세요."

김마리아

"옷 안에 독립 선언문을 숨겼지! 일본 옷을 입어 의심을 피했어!"

광주 수피아 여학교에서 학생들을 가르치다 일본에 유학을 떠났어요. 동경에서 조선 유학생들과 함께 '2·8 독립 선언'에 참여했어요. 김마리아는 독립운동을 널리 퍼트리기 위해 조선으로 돌아와 전국을 누비며 활약했어요. 특히 여성들을 독립운동으로 이끌기 위해 노력했답니다. 광주에선 위험을 무릅쓰고 고모 김필례를 만나 '2·8 독립 선언문'을 전달했어요.

수피아 여학교와 김필례 가문

김필례와 김마리아는 모두 광주 수피아 여학교에서 학생들을 가르쳤어요. 김마리아의 언니인 김함라도 같은 학교 선생님이었죠. 1919년 광주에 온 김마리아는 수피아 여학교 선생님들을 만나 함께 독립운동을 하자고 했어요. 선생님과 학생들은 독립 선언문을 광주에 널리 퍼트리고, 만세 운동에 나섰어요.

김필례 가문과 함께 보기

광주 3·1 운동과 수피아 여학교

광주 3·1 운동

1919년 3월 1일, 조선의 10여 개의 도시에서 일제히 사람들의 함성이 터져 나왔어요. 사람들은 태극기를 손에 들고 "대한 독립 만세!"를 외쳤어요. 3·1 운동은 전국으로 퍼져 나가 광주에도 이르렀어요. 3월 10일, 부동교 아래 있는 작은 장터에 사람들이 모여들기 시작했어요. 부동교는 오늘날 동구 불로동과 남구 사동을 잇는 다리랍니다. 농민부터 어린 학생들까지 천여 명이 모여 만세 운동을 펼쳤어요. 수피아 여학교와 숭일 학교 학생들은 몰래 복사한 독립 선언서와 태극기를 사람들에게 나누어 주었어요. 총칼을 든 일본 경찰이 사람들을 잡아들였지만, 광주 사람들은 만세 운동을 계속 이어 나갔어요.

광주 수피아 여학교

지금의 광주 수피아 여자 고등학교로, 남구 양림동에 있어요. 1919년 이 학교의 학생들과 선생님들은 광주 3·1 운동에 적극적으로 참여했어요. 학교에서 몰래 태극기를 만들어 나누어 주었답니다. 현재 학교 곳곳에는 학생들과 선생님들의 독립운동 정신을 살펴볼 수 있는 문화재들이 남아 있어요. 대표적으로 '광주 3·1 만세 운동 기념 동상'이 있어요. 동상의 뒤편에는 만세 운동에 참여했다는 이유로 옥살이를 한 사람들의 이름이 적혀 있어요.

커티스 메모리얼홀 (1911년 수피아 여학교에 최초로 세운 건물)

안창호 (1878~1938)
독립운동가·김필순과 의형제

김필순은 내 의형제야. 우리는 함께 신민회에서 활동했지. 나는 우리 민족의 힘을 기르기 위해 교육에도 앞장섰어.

김규식 (1881~1950)
독립운동가·김순애의 남편

나는 프랑스에서 열린 파리 평화 회의에 참석했어. 그곳에서 우리 조선을 식민지로 만든 일본의 잘못을 세계에 알렸단다.

김필례 가문

김필순 김순애 김마리아 김필례

최흥종 (1880~1966)
김필례 남편의 형

광주 3·1 운동에 앞장서 옥살이를 했어. 감옥에서 나온 후 목사가 되었지. 광주에 나병 환자를 위한 병원을 지었어.

김함라·남궁혁 부부
김마리아의 큰언니와 그 남편

나는 광주 수피아 여학교 선생님이었고, 남편은 목사였어. 우린 광주 3·1 운동에 적극적으로 참여했단다.

71

광·주·위·인 | 08

백성의 마음을 어루만져 준 **소리꾼**

임방울

근현대 | 1904~1961 | 소리꾼

오늘은 '쑥대머리'를 녹음하는 날이야. 이 소리에 깃든 깊고 슬픈 감정을 잘 표현해야지! 자, 그럼 연습 삼아 한 곡조 뽑아 볼까? 쑥대~머리이~♬

인물 소개

노래를 빼어나게 잘 부르는 사람을 명창이라고 해요. 주로 판소리 잘하는 사람을 명창이라고 부르지요. 국창은 판소리 명창 중에서도 뛰어난 사람을 가리키는데, 임방울이 바로 국창이었어요. 그는 열네 살 때 〈춘향가〉와 〈흥보가〉를 배웠어요. 1929년 '조선 명창 연주회'에 참가해 〈쑥대머리〉를 불러 유명해졌지요.

임방울의 이모저모

시대 대한 제국 … 일제 강점기 … 대한민국

생년월일 1904년에 태어났어요.

태어난 곳 광주에서 태어났어요.

특기 노래로 관객들 웃고 울게 만들기

직업 소리꾼

본명 임승근

우리가 알아야 할 **임방울** 이야기

백성을 위로한 소리

임방울의 업적 이야기

임방울은 뭘 했을까?

임방울의 판소리 음반

여러 레코드 회사에서 임방울의 판소리를 녹음해 음반으로 만들었어요. 마음을 달래 주는 임방울의 소리를 좋아하는 사람들이 점점 늘어났거든요. 특히 임방울을 유명하게 만든 〈쑥대머리〉가 실린 음반은 엄청난 인기를 누렸어요. 예전에는 음반을 들으려면 레코드판을 돌리는 값비싼 유성기가 필요했어요. 그런데도 임방울의 소리가 담긴 레코드를 사려는 사람들이 여기저기 넘쳐 났어요. 일본과 저 멀리 중국 만주까지 무려 100만 장이 넘게 팔렸다고 해요.

임방울 국악제

광주 광산에서 태어난 임방울 명창을 기념하기 위해 열리는 국악 경연 대회예요. 전국의 소리꾼들이 일 년에 한 번씩 광주에 모여 실력을 겨뤄요. 판소리 외에도 무용, 가야금 연주 등 다양한 국악 경연이 열린답니다. 일반 시민들도 판소리 장기 자랑에 참여해 실력을 뽐낼 수 있어요.

판소리는 우리나라의 자랑스러운 민속 음악이에요. 유네스코 세계 무형 유산으로 지정되었어요.

여러분은 판소리 공연을 본 적 있나요? 흥겨운 판소리 공연 현장을 함께 둘러봐요! 관객들이 빙 둘러앉은 넓은 마당에 신명 나게 북을 치는 '고수'가 앉아 있어요. 그 옆에는 부채를 탁 펼치며 멋지게 소리를 하는 '소리꾼'이 있네요. 판소리는 소리꾼과 고수 그리고 관객이 한데 어우러지는 공연 예술이에요. 소리꾼은 고수의 장단에 맞춰 관객들에게 긴 이야기를 들려줘요. 이때 소리꾼이 노래하는 것을 '창'이라 하고, 이야기하듯 들려주는 것을 '아니리'라고 해요. 소리꾼은 분위기에 따라 몸짓이나 손짓으로 감정을 표현하기도 하는데, 이를 '발림'이라고 해요. 임방울의 외삼촌인 김창환 명창이 발림을 잘하기로 유명했어요. 발림에 따라 판소리의 느낌이 크게 달라지기도 하죠. 판소리는 관객들을 신나게 하기도 하고, 또 반대로 슬프게 하기도 해요. 슬픈 가락인 '계면조'를 듣다가 눈물을 흘리는 관객들도 있지요. 임방울은 계면조를 기가 막히게 잘 불러서, 관객들의 슬픔을 어루만져 줬다고 해요.

신나게 즐기는 우리의 소리

 역사 **체험 학습**

임방울의 발자취

국창 임방울 선생 전시관

📍 광주광역시 광산구 송정동

광주 송정역에 있는 전시관이에요. 국창 임방울에 관한 다양한 자료를 볼 수 있어요. 사진 자료와 공연 포스터 등이 전시되어 있어요. 무엇보다 국창 임방울의 목소리를 직접 들어 볼 수 있도록 헤드폰도 설치되어 있어요. 〈수궁가〉, 〈적벽가〉 등을 부른 생생한 소리를 들을 수 있답니다. 또 벽면에는 판소리에 대한 자세한 설명도 적혀 있어요.

국창 임방울 선생 생가 터

📍 광주광역시 광산구 도산동

국창 임방울이 태어난 집이에요. 임방울의 생가를 가리키는 표지판과 비석이 세워져 있어요. 생가 입구에는 임방울이 판소리하는 모습 등을 그린 벽화가 있어요.

국창 임방울 선생 기념비

📍 광주광역시 광산구 소촌동

1986년 송정 공원 안에 세워졌어요. 기념비는 판소리를 할 때 소리꾼과 고수가 쓰는 부채와 북 모양을 하고 있답니다. 송정 우체국 앞과 문화 예술 회관에는 임방울의 동상도 있어요.

광·주·위·인 | 09

광주 학생 항일 운동의 시작이 된 고등학생
박준채

근현대 | 1914 ~ 2001 | 독립운동가, 교육자

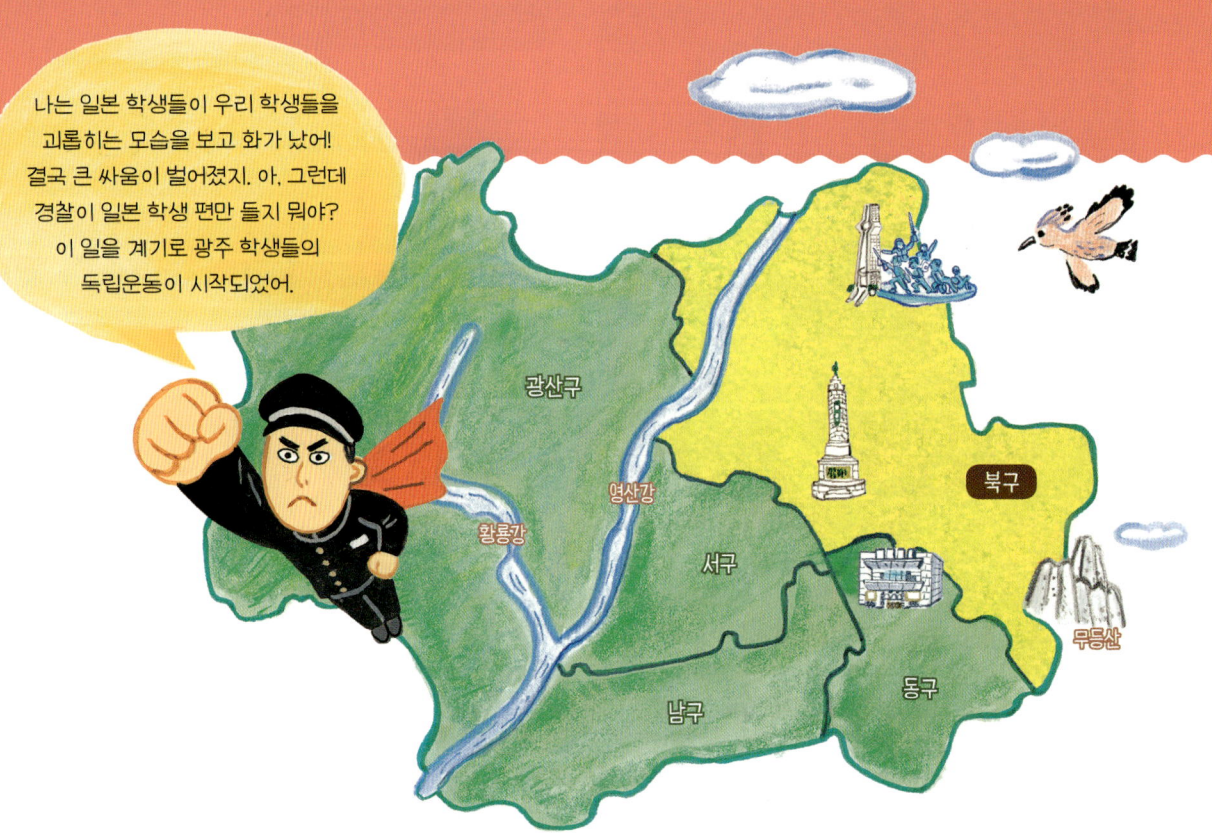

나는 일본 학생들이 우리 학생들을 괴롭히는 모습을 보고 화가 났어! 결국 큰 싸움이 벌어졌지. 아, 그런데 경찰이 일본 학생 편만 들지 뭐야? 이 일을 계기로 광주 학생들의 독립운동이 시작되었어.

인물 소개

1929년 광주 고등 보통학교 2학년 때 일본 학생들이 사촌 누나 박기옥과 광주 여자 고등 보통학교 학생들을 괴롭히는 모습을 보고 싸움이 벌어졌어요. 이 싸움은 광주 학생 항일 운동의 시작점이 되었지요. 훗날 공부를 마치고 조선 대학교 교수가 되어 평생을 교육에 힘썼어요. 1970년대 군사 정부가 자신들을 도우라고 강요했지만, 절대 뜻을 굽히지 않았어요.

박준채의 이모저모

시대
일제 강점기 ⋯⋯▸
대한민국

생년월일
1914년
6월 28일에
태어났어요.

태어난 곳
전라남도
나주에서
태어났어요.

직업
독립운동가,
교육자

특징
광주 학생
항일 운동의
주인공

우리가 알아야 할 **박준채** 이야기
전국으로 퍼진 학생들의 독립운동

★ **조센징** 조선인을 깔보면서 낮춰 부르는 말

박준채의 업적 이야기

박준채는 뭘 했을까?

> 광주 학생 항일 운동의 주인공

만약 박준채가 사촌 누나가 놀림을 당하고 있는 것을 보고도 모른 척했더라면 어땠을까요? 박준채가 용감하게 일본 학생, 일본 경찰과 맞서 싸운 것은 전국 학생 독립운동의 불을 지폈어요. 박준채는 광주 학생 항일 운동을 일으킨 인물이라는 이유로 일본 경찰에 끌려가서 세 달 동안 감옥에 있었어요. 다니던 학교에서는 퇴학을 당했고요.

광주에서 일어난 학생들의 독립운동은 전국적인 항일 독립운동으로 번졌어요. 1929년부터 1930년까지 다섯 달간 전국의 거의 모든 학생들이 거리로 뛰쳐나와 만세 시위를 벌였어요. 광주 학생 항일 운동은 일제 강점기 3대 독립운동 중 하나예요. 어린 학생들이 거대한 일본을 상대로 벌인 위대한 싸움이었지요.

> 일본을 놀라게 한 학생 독립운동

광주에서 학생들이 주도하는 독립운동이 일어나자 일본은 무척 놀랐어요. 광주 학생 항일 운동을 막기 위해 참가한 학생들을 모조리 잡아들였지요. 너무 많은 사람을 잡아들여 감옥 안에 발 디딜 틈이 없을 정도였대요. 새로 잡혀 들어온 학생이 복도를 걸으며 "대한 독립 만세!"를 외치면, 감방 안에 있던 학생들도 따라서 만세를 불렀어요. 서로 의지하고 격려했던 거예요.

일제 강점기 최대의 학생 운동

박준채의 싸움에서 시작된 광주 학생 항일 운동은 다섯 달 동안 전국 194개 학교, 5만 4천여 명의 학생들이 참여했어요. 광주 학생 항일 운동으로 1642명이 잡혀가고, 582명이 퇴학, 2230명이 정학*을 받았대요. 광주 학생 항일 운동은 일제 강점기에 일어난 최대의 학생 운동이에요. 해방 이후 나라에서는 광주 학생 항일 운동의 정신을 기리고자 운동이 시작됐던 11월 3일을 '학생 독립운동 기념일'로 정했어요.

★ **정학** 등교를 정지하는 일

우리나라는 우리가 직접 지킨다!

교수가 된 박준채

감옥에서 풀려난 뒤 박준채는 학교에 돌아갈 수 없었어요. 일본이 박준채를 퇴학시켰기 때문이에요. 그러자 박준채는 서울로 가서 공부를 계속했어요. 1939년에는 일본으로 유학을 가서 와세다 대학교를 졸업했고요.

1960년대 초부터 조선 대학교 교수로 일하면서 법대 학장, 대학원장 등을 지냈어요. 박준채는 군사 독재에 협력하라는 요구를 받기도 했으나 받아들이지 않았어요. 1980년에는 조선 대학교 교수들이 군사 독재에 반대할 때도 뜻을 함께했어요. 평생을 정의롭게 산 박준채는 2001년 여든일곱 살의 나이로 세상을 떠났어요.

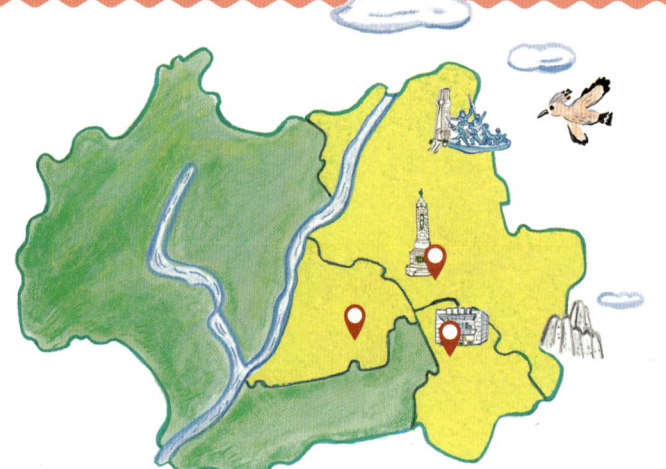

역사 **체험 학습**

박준채의 발자취

광주 학생 독립운동 기념관

📍 광주광역시 서구 화정동

광주에서 일어나 전국적으로 확산된 광주 학생 항일 운동의 정신이 깃든 곳이에요. 이곳에는 광주 학생 항일 운동을 연구한 자료를 전시하고 있어요.

전시실은 광주 학생 항일 운동의 의미, 원인, 방법 등을 주제로 구성되어 있어요. 운동에 참가했던 사람과 희생된 사람들을 추모하는 장소도 있으니 꼭 한번 들러 보세요.

광주 제일 고등학교 내 광주 학생 독립운동 기념탑(북구 누문동)

광주 학생 운동 발상지

♦ 광주광역시 기념물 제26호

발상지는 역사적으로 중요한 사건이 처음으로 나타난 곳이에요. 박준채가 다니던 광주 제일 고등학교와 박기옥이 다니던 전남 여자 고등학교가 광주 학생 항일 운동의 발상지예요.

1954년 광주 제일 고등학교에 39미터 높이의 '광주 학생 독립운동 기념탑'이 세워졌어요. 전남 여자 고등학교에는 1959년에 세운 '광주 학생 독립운동 여학도 기념비'가 있어요.

전남 여자 고등학교(동구 장동)

광·주·위·인 | 10

5·18 민주화 운동 피해자들을 돌본 광주의 어머니

조아라

근현대 | 1912 ~ 2003 | 사회 운동가

나는 광주에서 5·18 민주화 운동이 일어났을 때 시민들을 도왔어. 그 때문에 여섯 달 동안 감옥살이를 했지. 감옥에서 나온 뒤로도 나는 5·18 민주화 운동 피해자를 돌보았어.

인물 소개

1929년 광주 수피아 여학교 3학년에 다닐 때 광주 학생 항일 운동에 참여했다가 감옥에 갔어요. 1936년에는 이름과 종교를 바꾸라는 일본의 명령을 따르지 않아 감옥살이를 했지요. 그리고 1980년 5·18 민주화 운동 당시 또 한 번 감옥에 가게 됩니다. 광주 YWCA(기독교 여자 청년회)에서 여성 운동에 힘썼으며, 어려운 환경의 아이들을 위한 복지 사업에도 앞장섰어요.

조아라의 이모저모

시대 일제 강점기 … 대한민국

태어난 곳 전라남도 나주에서 태어났어요.

생년월일 1912년 3월 28일에 태어났어요.

직업 사회 운동가

별명 광주의 어머니

 우리가 알아야 할 **조아라** 이야기

피 흘리는 광주를 따뜻하게 보듬은 어머니

"뭐라고요? 군인들이 들이닥쳐 광주 시민들을 때리고, 짓밟고 있다고요? 어서 광주로 갑시다. 이게 어찌 된 일인지 직접 봐야겠어요."

1980년 5월 18일 잠시 서울에 갔던 조아라는 서둘러 광주로 돌아왔어요. 광주는 이미 핏빛 전쟁터였어요. 군인들이 거리에서 사람들을 몽둥이로 사정없이 때리고 알 수 없는 곳으로 잡아갔어요.

군인들의 폭력은 날이 갈수록 더했어요. 몽둥이로 모자라 광주 시민들을 향해 총을 쏘아 대기 시작했어요. 조아라는 분노했어요.

"불법으로 대통령이 되려는 전두환을 반대한다는 이유로 죄 없는 광주 시민들을 때리고, 죽이다니. 이럴 수는 없어!"

그 당시 우리나라 정치는 말이 아니었어요. 1979년 10월, 법을 마음대로 바꿔 가며 18년 동안 독재를 한 박정희 대통령이 갑자기 세상을 떠났어요. 독재 정치는 대통령 한 사람이 오랫동안 나라를 지배하는 거예요. 반대로 국민 모두가 나라의 주인인 것을 민주주의라고 하죠. 박정희가 죽자 사람들은 독재에 가로막혀 있던 '민주주의'를 꿈꾸기 시작했어요.

그런데 그해 12월 군인이었던 전두환이 군사를 일으켜 권력을 잡았어요. 민주주의를 바라던 시민들은 가만있지 않았어요. 전두환에 반대해 민주주의를 외치는 시위가 전국에서 일어났어요. 그러자 전두환은 국민들의 반대를 짓누

르려고 모든 국민들이 어떤 정치적인 활동도 하지 못하도록 금지령을 내렸어요. 이것을 계엄령이라고 해요.

광주는 계엄령에도 흔들리지 않았어요. 전두환이 대통령이 되는 것을 반대하며 시위를 했지요. 그러자 전두환은 광주에 군인을 보내 시민들을 향해 마구 총을 쏘아 댔어요.

"광주 시민들은 아주 평화적인 시위를 했어. 전남 도청 앞에서 횃불을 들고 걸으며 법에 어긋나는 행동을 한 전두환에게 물러가라고 했을 뿐이야. 그런데 이런 잔인한 짓을 하다니!"

이 사건이 바로 5·18 민주화 운동이에요. 조아라는 매일 전남 도청 앞 광장으로 나갔어요. 그곳에는 수백 명, 수천 명의 광주 시민들이 모여 있었어요. 대학생뿐만 아니라 양복을 입은 회사원, 평범한 가정주부, 어린 중학생, 고등학생들까지 점점 더 많은 시민들이 시위에 참가했어요.

거리에는 군인의 총에 맞아 죽은 시민들의 시신이 쌓여 있었어요. 조아라는 시신 확인, 처리 작업을 돕고 시민들을 격려했어요.

군인들은 광주 시민들을 향해 더 심한 공격을 했어요. 사람들이 많이 모여 있던 전남 도청과 광주 YWCA 회관 부근에 집중적으로 총을 쏘았지요. 시위에 참가한 사람들은 물론이고 힘없는 여성, 노인, 중·고등학생 등 많은 시민들이 목숨을 잃었어요. 그리고 시민들을 돕던 조아라를 잡아갔어요. 시민들이 폭동을 일으키는 것을 부추기고 있다는 이유였어요.

군인들은 조아라를 감옥에 가두었어요. 그때 조아라는 일흔 살이 가까운 나이였어요.

조아라는 감옥에서 조사를 받느라 몹시 지쳐 있었지요. 하지만 무시무시한 군사 법정에서 재판을 받으면서도 조아라는 한 번도 흔들리거나 눈물을 보이지 않았어요.

"전두환이 군사를 일으켜 권력을 잡은 것, 또 군인들을 시켜 광주 시민들을 죽인 것은 일부러 불을 내는 범죄와 같습니다. 이 나라는 불을 지른 범인을 잡을 생각은 하지 않고, 불을 끄는 것을 도운 사람에게 죄를 묻습니까? 나는 군인들이 죄 없는 사람들을 죽이는 것을 보고 가만있을 수 없어 도와주러 나온 사람입니다. 어찌 내가 죄를 지었다고 하십니까?"

조아라가 이토록 당당하게 외친 데는 자신이 죄가 없음을 주장하는 것 말고 또 다른 이유가 있었어요. 자신이 법정에서 약한 모습을 보이면 같이 재판을 받는 젊은이들이 용기를 잃을지도 모른다고 생각한 거예요.

결국 조아라는 5·18 민주화 운동 때 시민들을 도왔다는 이유로 유죄를 선고받았어요. 여섯 달 동안 차가운 감옥에 있어야 했지요.

조아라는 감옥에서 나온 뒤, 더욱 적극적으로 5·18 희생자들을 도왔어요. 5·18 광주 민주화 운동을 겪으면서 신체장애가 되거나, 충격을 받아 정신 이상자가 되는 경우가 많았거든요. 조아라는 이들을 보살피고, 살아갈 방법도 마련해 주었어요.

시민군으로 활동하다가 척추에 총을 맞아 평생 휠체어를 타야 하는 한 청년이 있었어요. 이 청년은 가족도 집도 다 잃어 갈 곳이 없었어요. 세탁소 창고를 빌려 살고 있는데, 돈을 내지 못해 곧 떠나야 할 처지였어요. 그런데 이 청년이 어느 날 "만화 가게가 딸린 작은 방에서 생활하면서 돈도 벌 수 있게 되었다."며 기뻐하는 거예요.

나중에 알고 보니 조아라가 여기저기를 찾아다니면서 부탁을 해서 그 청년이 살 방과 가게를 얻어 준 거였어요.

이처럼 조아라는 5·18 피해자들에게 어려운 일이 생기면 자신의 일처럼 나서서 해결해 주었어요. 피해자들을 위해 발 벗고 나서는 조아라를 광주 시민들은 '광주의 어머니'라고 불렀어요. 이미 일흔이 훨씬 넘은 나이로 건강이 좋지 않았지만 광주 민주화 운동과 관련 있는 일이라면 한 번도 뒤로 빼거나 망설이지 않았어요. 그리고 이렇게 말했답니다.

"5·18은 민주화를 위한 광주 시민들의 위대한 항쟁입니다. 대한민국의 민주화를 위한 거룩한 희생이었습니다. 저에게 정의로운 길을 갈 수 있는 기회를 주신 하나님께 감사드립니다!"

조아라의 업적 이야기

조아라는 뭘 했을까?

광주의 어머니

5·18 민주화 운동 피해자들은 어려운 일이 생기면 조아라를 찾아갔어요. 그때마다 조아라는 자신의 일처럼 나서서 해결해 주었고요. 조아라처럼 유가족*이나 부상자를 돕는 것은 결코 쉬운 일이 아니었어요. 상당한 용기와 희생이 필요한 일이었지요.

당시 정부는 5·18 민주화 운동 피해자를 도우면 나쁜 사람, 옳지 않은 의도를 가진 사람으로 여기고 괴롭혔거든요. 하지만 조아라는 전혀 아랑곳하지 않았어요. 5·18 민주화 운동의 진실을 밝히려는 움직임이 있을 때마다 늘 앞장섰어요. 또 군사 감옥과 광주 교도소를 돌아다니며 "5·18 구속자들을 풀어 줘라!"고 강하게 요구했어요.

★ **유가족** 죽은 사람의 남은 가족

5·18 구속자들을 풀어 줘라!

교육을 위한 노력

1951년, 조아라는 한국 전쟁으로 고아가 된 아이들이 머무는 기숙사를 세우고, 가난한 사람들이 다닐 수 있는 야간 학교를 만들었어요. 또 가난하고 배운 것 없는 여성들이 직업을 가질 수 있도록 돕는 훈련 시설도 운영했어요.

가난하고 힘없는 여성과 함께한 35년

조아라는 35년 동안 광주 YWCA를 이끌었던 사회 운동가예요. YWCA에서 항일 운동, 여성 운동에 앞장섰지요. 조아라가 일하는 동안 광주 YWCA는 일본이 강요했던 일본식 종교와 일본식 이름에 반대한다는 이유로 1938년 강제로 문을 닫아야 했어요. 1945년 해방이 되자 조아라는 다시 광주 YWCA 문을 열고 여성을 돕는 활동을 시작했지요. 여성들이 마음 놓고 드나들 수 있는 광주 YWCA 회관을 짓는 일에도 정성을 쏟았어요.

이 YWCA 회관은 1980년 5·18 민주화 운동 때 시민들의 본부 역할을 했어요. 그래서 군인들의 총격을 받았지요. 조아라와 함께 일하던 광주 YWCA 직원 몇 명도 이 건물 안에 있다가 목숨을 잃거나 다쳤어요. 지금 있는 건물은 그때 총에 맞아 구멍이 뚫리고 부서진 벽을 허물고 1984년에 다시 지은 거예요.

 **조아라**와 함께 보기

5·18 민주화 운동과 관련된 사람들

윤상원 (1950~1980) 사회 운동가

나는 광주 광산구에서 태어났어. 전남 대학교 정치외교학과를 졸업한 후 서울의 한 은행에서 일했지. 하지만 나는 서울보다는 고향에서 의미 있는 일을 하고 싶었어. 1979년 광주로 돌아와 '들불야학'에서 노동자 학생들을 가르치는 일을 시작했단다. 야학은 정규 학교에 다니지 못하는 사람들을 위해 밤에 수업을 하는 학교야. 들불야학에는 가난 때문에 학교에 다니지 못하고 공장에서 일하던 여성 노동자들이 많았어.

1980년 5·18 민주화 운동이 일어나자 나는 바로 시위 현장으로 달려갔어. 그때 정부는 모든 신문, 방송을 막고 5·18 민주화 운동을 보도하지 못하도록 했거든. 나는 더 많은 사람들에게 이 상황을 알려야 한다고 생각하고 〈투사회보〉라는 작은 신문을 만들었어. 시위 진행 상황과 시민들의 참여를 요청하는 내용이었지.

5월 27일 새벽, 나는 함께했던 동료들에게 마지막 작별 인사를 했어. "저세상에 가서도 서로 동지애를 나누며 살자!"라고 말이야. 잠시 후 시민군이 마지막까지 지키던 전남 도청에 군인들이 총과 대포를 앞세워 쳐들어왔어. 나는 군인들에 맞서 끝까지 싸우다가 총에 맞고 말았어.

나의 정의롭고 용감한 삶을 바탕으로 만든 노래가 5·18 민주화 운동 기념행사에서 부르는 〈임을 위한 행진곡〉이란다.

위르겐 힌츠페터 (1937~ 2016) 독일 기자

나는 독일 ARD 방송의 기자였어. 일본 특파원으로 일하고 있던 1980년 5월 18일, 광주에 민주화 운동이 일어났다는 소식을 들었어. 나는 바로 광주로 갔어. 군인들의 감시와 방해를 피해 5·18 민주화 운동 현장을 카메라에 담았어. 군인들이 시민들에게 총을 쏘는 모습, 피멍이 든 채 어디론가 끌려가는 대학생들, 전남 도청 주변에서 총에 맞아 죽은 사람들의 시신을 그대로 촬영했어.

나는 이 필름을 깡통에 넣어 몰래 일본으로 가져갔어. 내가 광주의 상황을 알리는 동영상을 촬영한 것이 한국에서 알려지면 필름을 빼앗기는 것은 물론 내 목숨마저 위험했을 거야.

촬영한 필름을 일본에서 다시 독일 방송국으로 보냈어. 뉴스와 다큐멘터리 등으로 편집해 방송을 내보냈지. 다른 나라 방송국들도 이 영상을 받아서 앞다투어 보도했어. 내가 촬영한 동영상 덕분에 1980년 광주의 비극이 전 세계에 알려질 수 있었어. 지금 남아 있는 5·18 민주화 운동 영상은 대부분 내가 촬영하거나 수집한 것들이란다.

나는 평소 주변 사람들에게 "내가 죽거든 광주에 묻어 달라."고 부탁했어. 광주는 내게 고향과 다름없거든. 2016년 세상을 떠나자, 내 가족들은 나의 손톱과 머리카락 등을 망월동 5·18 옛 묘역에 묻어 주었어.

역사 **체험 학습**

조아라의 발자취

소심당 조아라 기념관

📍 광주광역시 남구 양림동

조아라가 세상을 떠날 때까지 살았던 곳에 세운 기념관이에요. 1층에 있는 유물 전시관에는 조아라가 평생을 바친 YWCA 여성 운동의 발자취를 볼 수 있어요. 2층에서는 조아라의 10대부터 70대까지 모습을 사진으로 만날 수 있고요. 늘 가난하고, 병들고, 외로웠던 사람들을 도운 조아라의 삶을 느낄 수 있는 장소예요. 소심당은 조아라의 호예요. 티 없이 결백하다는 뜻이랍니다.

'광주의 어머니' 내 별명 정말 멋지지 않니?

소심당 조아라 기념비

📍 광주광역시 남구 양림동

조아라가 다녔던 수피아 여학교(지금의 수피아 여자 고등학교)에 있어요. 개교 100주년을 맞은 2008년, 같은 학교를 나온 사람들이 돈을 모아 마련했어요. 조아라는 이 학교에 다니던 1929년, 광주 학생 항일 운동에 참여했다가 감옥에 끌려가기도 했어요.
평생 광주를 떠나지 않고 어려운 여성과 고아를 돌보는 사회봉사를 했던 조아라의 업적을 기리고 있지요.

세계 기록 유산이 된 5·18 민주화 운동 기록물

5·18 민주화 운동 기록물은 유네스코가 정한 세계 기록 유산이에요. 기록물에는 전남 도청, 광주 시청, 광주 경찰서 등 공공 기관이 작성한 자료, 관련자들의 재판 자료, 시민들의 기록과 증언, 각종 필름과 사진 등이 있어요.

유네스코가 이 자료를 세계 기록 유산으로 지정한 이유는 5·18 민주화 운동이 한국의 민주주의 발전을 가져왔기 때문이에요. 또 필리핀·태국·베트남 등 아시아 여러 나라의 민주화 운동에도 커다란 영향을 주었기 때문에 세계 기록 유산으로 지정하여 관리하고 있는 거예요.

위인 따라 광주 체험 학습

광주 위인들의 발자취를 한눈에 살펴보아요.
앞에서 소개한 장소 중 대표적인 곳을 가려 뽑았답니다.

● 광산구

❶ 월봉 서원   ❷ 국창 임방울 선생 전시관

● 북구

❸ 경열사   ❹ 충효동 정려비각   ❺ 취가정   ❻ 충장사

● 서구   ● 남구

❼ 광주 학생 독립운동 기념관   ❽ 광주 수피아 여자 고등학교   ❾ 소심당 조아라 기념관

● 동구

❿ 의재 허백련 문화 유적

더 알아보는 **위인**

우리도 광주 위인이야!

박순 (1523~1589) - 조선 중기 청백리* 학자

시대 조선

1553년 과거에 일등으로 합격하였어요. 대사헌, 부제학, 예조 판서 등의 많은 관직을 거쳐 가장 높은 벼슬인 우의정·좌의정·영의정에 올랐어요. 1579년부터 15년간 영의정의 자리에 있었어요. 일찍이 서경덕에게 학문을 배웠고, 이황, 이이, 기대승과도 가까운 사이였어요. 글재주가 뛰어나고, 특히 시를 잘 지었으며, 글씨 또한 잘 썼다고 해요. 지은 책으로는 《사암집》이 있어요. 사암은 박순의 호예요. 광주 광산구 소촌동에는 《사암집》 자료와 박순의 영정을 모신 송호영당이 있어요.

박용철 (1904~1938) - 나라를 빼앗긴 안타까움을 노래한 시인

시대 대한 제국 ⋯▶ 일제 강점기

광주 광산구에서 태어나 광주 공립 보통학교를 졸업하였어요. 그 후 일본으로 건너가 아오야마 학원에 다녔는데, 이때부터 문학에 관심을 가지게 되었어요. 1930년대에는 잡지 《시 문학》, 《문예 월간》, 《문학》을 만들었어요. 김영랑, 정지용 같은 시인과 함께 활동했어요. 1938년 결핵에 걸려 세상을 떠난 후, 광산구 송정동에 묻혔어요. 송정 공원에는 그의 대표작 〈떠나가는 배〉의 일부를 새긴 시비가 있어요.

★ **청백리** 재물에 대한 욕심이 없이 마음이 곧고 깨끗한 관리

범세동 (?~?) - 고려에 대한 충성을 끝까지 지킨 학자

시대 고려 ⋯▶ 조선

정몽주의 제자로, 성리학을 연구한 학자예요. 1369년 과거에 합격한 후, 임금에게 옳지 못하거나 잘못된 일을 고치도록 말하는 '간의대부'라는 벼슬에 올랐어요. 고려가 망하고 조선이 세워지자 두문동*에 숨어서 살다 고향인 광주로 돌아왔지요. 조선 제1대 왕 태조와 제3대 왕 태종이 여러 번 벼슬을 권하였으나 끝내 거절하였어요. 광산구 덕림동에 범세동의 묘가 있답니다.

심원표 (1853~1939) - 일제 강점기의 학자

시대 조선 ⋯▶ 대한 제국 ⋯▶ 일제 강점기

광주에서 1853년에 태어났어요. 어려서부터 행동이 어질고 너그러웠어요. 조정에서 벼슬을 내렸으나, 학문을 닦는 데 집중하겠다며 거절했어요. 의병 활동을 하다 일본군에 잡혀 심한 고문을 받았지만 절대 굴하지 않았지요. 일제가 그의 마음을 얻기 위해 준 돈도 단칼에 거절했답니다. 광산구 동호동에는 그를 기리기 위해 만취정이란 정자가 세워졌어요.

정지 (1347~1391) - 고려 말 왜구*를 물리친 장군

시대 고려

고려 말은 백성들이 큰 고통을 받던 시기였어요. 특히 왜구는 큰 골칫거리였어요. 정지는 왜구를 물리칠 방법을 써서 왕에게 글을 올렸어요. 그리고 광주, 영광, 담양, 남양 등 전라도에 침입한 왜구를 물리치는 데 커다란 공을 세웠어요. 1383년 경상도 관음포에 왜구가 많은 배를 몰고 쳐들어왔는데, 정지는 앞장선 배 17척을 쳐부수고 전투에서 이겼어요. 1391년 광주에 머물던 중 병으로 세상을 떠났어요. 광주 시립 민속 박물관에 정지 장군 갑옷(보물 제336호)이 전시되어 있어요.

★ **두문동** 고려가 망하고 조선 왕조가 들어서자 고려의 충신들이 벼슬을 거부하고 숨어 지내던 마을
★ **왜구** 일본에서 건너온 도적 떼

광주 위인 찾기

고경명	25
기대승	10
기삼연	51
김덕령	18
김율	51
김태원	44
김필례 가문 – 김필례, 김필순, 김순애, 김마리아	64
김함라, 남궁혁	71
박순	102
박용철	102
박준채	80
범세동	103
심원표	103
양진여, 양상기	36
위르겐 힌츠페터	97
윤상원	96
임방울	72
정지	103
정충신	28
조경환	51
조아라	88
최흥종	71
허백련	52

사진 출처

광산구문화관광_ 79p / 국창 임방울 선생상

국립중앙박물관_ 14p / 양선생서 60p / 〈산수화〉 61p / 〈난초〉, 〈국화〉

문화재청_ 26p, 100p / 충효동 정려비각 27p / 김덕령 장군 의복 35p / 정충신 사당(진충사), 정충신 묘 87p / 광주 학생 운동 발 상지(전남 여자 고등학교) 100p / 수피아홀 건물 정면

연합뉴스_ 26p / 충장로 27p, 100p / 충장사 51p / 어등산 호남 의병 추모제 공연 59p, 100p / 의재 미술관 62p, 100p / 춘설헌 70p, 100p / 커티스 메모리얼홀 79p / 국창 임방울 선생 기념비 86p, 100p / 광주 학생 독립운동 기념관 98p / 소심당 조아라 기념관 개관 98p, 100p / 소심당 조아라 기념관 내부 99p / 5·18 민주화 운동 기록물 유네스코 등재

엽토51(jcjkks)_ 62p / 관풍대 63p / 의재 묘소

오매광주관광블로그_ 34p, 100p / 경열사

위키피디아_ 78p, 100p / 국창 임방울 선생 전시관(본인)

전남 대학교 박물관_ 61p / 〈일출이작〉

투게더광산톡_ 79p / 국창 임방울 선생 생가 터(정다연)

플리커_ 99p / 소심당 조아라 기념비(민주화운동기념사업회)

한국관광공사_ 17p, 100p / 월봉 서원 빙월당 17p / 환벽당 63p / 삼애다원

지학사아르볼은 이 책에 실린 사진들의 출처를 찾기 위해 최선을 다했습니다.
혹시 잘못된 정보가 있다면 연락 주십시오. 다음 쇄를 찍을 때 꼭 수정하겠습니다.